要点マスター!

SPI

マイナビ

本書の使い方

非言語・言語問題

ポイント！

各項目を学習するに当たり、知っておきたいポイントをまとめています。まずはここに目を通し、対策の要点をつかみましょう。

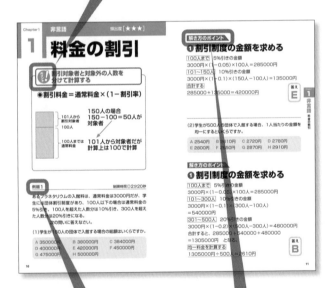

例題

各項目の頻出問題を、例題として取り上げています。ここで出題パターンを頭に入れることで、実践的な力を身につけられます。

解き方のポイント

例題の解き方を解説しています。問題の解き方のコツやテクニックを身につけることができます。丸数字の太字の箇所は、問題を解くうえでのポイントです。

練習問題と解答＆解説

解答＆解説

解き方のポイントを解説。付属の赤シートで答えを隠して確実に解けるように繰り返し学習しましょう。

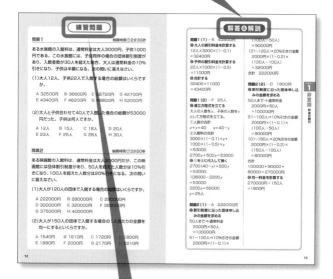

練習問題

問題1　制限時間①2分30秒

ある水族館の入館料は、通常料金は大人3000円、子供1000円である。この水族館には、子供同伴の場合の団体割引制度があり、入館者数が30人を超えた場合、大人は通常料金の10%引きになり、子供は半額になる。次の問いに答えなさい。

(1)大人12人、子供22人で入館する場合の総額はいくらですか。

A 32500円　B 36600円　C 38720円　D 42700円
E 43400円　F 46200円　G 48800円　H 52000円

(2)大人と子供合わせて40人で入館する場合の総額は53000円だった。子供は何人ですか。

A 12人　B 15人　C 18人　D 20人
E 23人　F 25人　G 28人　H 30人

問題2　制限時間①3分50秒

ある映画館の入館料は、通常料金全は大人2000円だが、この映画館には団体割引制度があり、50人を超えた人数分は10%引きになり、100人を超えた人数分は20%引きになる。次の問いに答えなさい。

(1)大人が120人の団体で入館する場合の総額はいくらですか。

A 222000円　B 280000円　C 290000円
D 300000円　E 320000円　F 350000円
G 375000円　H 400000円

(2)大人が150人の団体で入館する場合の1人あたりの金額を均一にするといくらですか。

A 1540円　B 1610円　C 1720円　D 1800円
E 1890円　F 2000円　G 2170円　H 2210円

解答＆解説

問題1 (1)…E　43400円
❶大人の割引料金を計算する
12人×3000円×(1−0.1)
=32400円
❷子供の割引料金を計算する
22人×1000円×(1−0.5)
=11000円
❸合計する
32400+11000
=43400円

問題1 (2)…F　25人
❶連立方程式を立てる
大人の人数をx、子供の人数をyとして方程式を立てる。
①人数の合計
$x+y=40$　　$x=40−y$
②大人の合計が
3000×(1−0.1)×x+
1000×(1−0.5)×y
=53000
2700×x+500×y=53000
❸①を②に代入して解く
2700(40−y)+500×y
=53000
108000−2200y
=53000
2200y=55000
y=25人

問題2 (1)…A　222000円
❶割引制度に沿った団体申し込みの金額を計算する
50人まで⇒通常料金
2000円×50人
=100000円
51〜100人⇒10%引きの金額
2000円×(1−0.1)×

(100人−50人)
=90000円
101〜120人⇒20%引きの金額
2000円×(1−0.2)×
(120人−100人)
=32000円
合計　222000円

問題2 (2)…D　1800円
❶割引制度に沿った団体申し込みの金額を求める
50人まで⇒通常料金
2000円×50人
=100000円
51〜100人⇒10%引きの金額
2000円×(1−0.1)×
(100人−50人)
=90000円
101〜150人⇒20%引きの金額
2000円×(1−0.2)×
(150人−100人)
=80000円
合計
100000円+90000円+
80000円=270000円
❷均一料金を計算する
270000円÷150人
=1800円

練習問題

過去の出題傾向を分析してまとめたオリジナル問題です。間違えた問題は繰り返し解きましょう。

本書は、実際の試験で出題された頻度の高い項目順(出題頻度順)に掲載しています。前のページから順に解いていくと、効率よく学習できます。

目次 CONTENTS

SPIに関する基礎知識

『SPI』とは？

　『SPI(Synthetic Personality Inventory)』とは、「能力検査と性格検査を合わせ持った、高度な個人の資質を総合的に把握する検査」で、採用・人事の判断材料として数多くの企業が取り入れている検査です。学生にとっては就職時適性検査の代名詞的なものになっています。『SPI』は2002年10月に『SPI2』へと大幅に改訂され、さらに2013年1月以降は『SPI3』へと移行しています。

『SPI3』の種類は？

①『SPI3』で実施される種類
テストセンター、Ｗｅｂテスティング、インハウス(能力検査＋性格検査)

名称	検査対象	検査内容	能力検査	性格検査
SPI3-U	4大生	言語・非言語	35分	30分
SPI3-G	社会人	言語・非言語	35分	30分
SPI3-H	高校生	言語・非言語	35分	30分
SPI3-UE	4大生	言語・非言語・英語	55分	30分
SPI3-GE	企業人	言語・非言語・英語	55分	30分

②『SPI3』で実施される種類
ペーパーテスティング(能力検査＋性格検査)

名称	検査対象	検査内容	能力検査	性格検査
SPI3-U	4大生	言語・非言語	70分	40分
SPI3-A	4大生	言語・非言語	50分	40分
SPI3-B	4大生	言語・非言語・数的処理	90分	40分
SPI3-G	社会人	言語・非言語	70分	40分
SPI3-H	高校生	言語・非言語	70分	40分
SPI3-R(※)	4大・短大	事務処理能力	57分	40分
SPI3-N(※)	短大・高校生	計算・事務処理能力	31分	40分

(※) 誤謬(ごびゅう)率の計算が行なわれます。

検査の実施形態は？

下記の4つの形態があり、Web受検かペーパー受検のいずれかです。

種類	実施形態
テストセンター	指定会場のパソコンで受検
インハウスCBT	企業のパソコンで受検
Webテスティング	自宅などのパソコンで受検
ペーパーテスティング	問題冊子とマークシートで受検

『SPI3』の検査内容は？

テストセンター＜U版＞
能力検査

種類	検査内容	時間
言語	2語の関係、文章整序など	合計35分
非言語	推理、確率、速さなど	

テストセンターの能力検査は問題数が決まっているわけではなく、35分間に言語・非言語の問題が次々に出題されます。速く解答できる学生には多くの問題が出題され、正解・不正解によってその後に出題される問題の難易度が異なるのも特徴です。

ペーパーテスティング＜U版＞
能力検査

検査	種類	検査内容	問題数	時間
検査Ⅰ	言語	2語の関係、長文など	40問	30分
検査Ⅱ	非言語	表からの計算、推理など	30問	40分

検査結果は？

能力検査の採点結果をもとに、総合・言語・非言語別に「標準得点」「段階」「総合順位」が決められます。

「標準得点」…………	いわゆる偏差値計算で、最も多くの学生が取る点数（平均点）を50として、点数化されます。
「段階」………………	標準得点を7段階に区分けして、表示されます。
「総合順位」…………	同時に受けた中での順位が表示されます。

誤謬率とは？

ペーパーテスティングにおける『SPI-R』『SPI-N』の2つの検査では、取った得点だけでなく、「解答に対する誤答の割合」である誤謬率の測定もされます。誤謬率を計算する検査では、誤答の割合が高くなるとそのぶん評価が低くなってしまいます。事務処理能力を問われる『SPI-R』『SPI-N』は、問題をとばすことなく素早く正確に解答する必要があります。

Chapter 1

非言語

『SPI-U』版の非言語分野（検査Ⅱ）の制限時間は40分で30問が出題されます。つまり、平均すると1問を80秒で解答する計算になり、時間との勝負になります。事前に対策を立て、傾向をつかんでおくと解答スピードは断然異なります。

| 対策 1 | **四則演算を軽視しない！** |

| 対策 2 | **苦手な（忘れてしまった）計算は、必ず復習！** |

| 対策 3 | **何度も解いて解法をマスター！習うより慣れろ！** |

1 料金の割引

ポイント！ **割引対象者と対象外の人数を分けて計算する**

●割引料金＝通常料金×（1－割引率）

101人から
割引対象者

100人

**150人の場合
150－100＝50人が
対象者**

100人までは
通常料金

**101人から対象者だが
計算上は100で計算**

例題1　　　　　　　　　制限時間⏱2分20秒

あるプラネタリウムの入館料は、通常料金は3000円だが、学生には団体割引制度があり、100人以下の場合は通常料金の5%引き、100人を超えた人数分は10%引き、300人を超えた人数分は20%引きになる。
次の問いに答えなさい。

（1）学生が150人の団体で入館する場合の総額はいくらですか。

A 350000円	B 380000円	C 384000円
D 400000円	E 420000円	F 450000円
G 475000円	H 500000円	

❶ 割引制度の金額を求める

100人まで 5%引きの金額

3000円×(1−0.05)×100人＝285000円

101〜150人 10%引きの金額

3000円×(1−0.1)×(150人−100人)＝135000円

合計する

285000＋135000＝420000円

答え
E

---

(2)学生が500人の団体で入館する場合、1人当たりの金額を均一にするといくらですか。

A 2540円　　B 2610円　　C 2720円　　D 2780円

E 2800円　　F 2850円　　G 2870円　　H 2910円

❶ 割引制度の金額を求める

100人まで 5%引きの金額

3000円×(1−0.05)×100人＝285000円

101〜300人 10%引きの金額

3000円×(1−0.1)×(300人−100人)

＝540000円

301〜500人 20%引きの金額

3000円×(1−0.2)×(500人−300人)＝480000円

合計すると、285000＋540000＋480000

＝1305000円　となる。

均一料金を計算する

1305000円÷500人＝2610円

答え
B

問題1
制限時間⏱2分30秒

ある水族館の入館料は、通常料金は大人3000円、子供1000円である。この水族館には、子供同伴の場合の団体割引制度があり、入館者数が30人を超えた場合、大人は通常料金の10%引きになり、子供は半額になる。次の問いに答えなさい。

(1)大人12人、子供22人で入館する場合の総額はいくらですか。

A 32500円　　B 36600円　　C 38720円　　D 42700円
E 43400円　　F 46200円　　G 48800円　　H 52000円

(2)大人と子供合わせて40人で入館した場合の総額が53000円だった。子供は何人ですか。

A 12人　　B 15人　　C 18人　　D 20人
E 23人　　F 25人　　G 28人　　H 30人

問題2
制限時間⏱3分50秒

ある映画館の入館料は、通常料金は大人2000円だが、この映画館には団体割引制度があり、50人を超えた人数分は10%引きになり、100人を超えた人数分は20%引きになる。次の問いに答えなさい。

(1)大人が120人の団体で入館する場合の総額はいくらですか。

A 222000円　　B 280000円　　C 290000円
D 300000円　　E 320000円　　F 350000円
G 375000円　　H 400000円

(2)大人が150人の団体で入館する場合の1人当たりの金額を均一にするといくらですか。

A 1540円　　B 1610円　　C 1720円　　D 1800円
E 1890円　　F 2000円　　G 2170円　　H 2210円

問題1（1）…E　43400円
❶大人の割引料金を計算する
12人×3000×（1−0.1）
＝32400円
❷子供の割引料金を計算する
22人×1000×（1−0.5）
＝11000円
❸合計する
32400＋11000
＝43400円

問題1（2）…F　25人
❶連立方程式を立てる
大人の人数をx、子供の人数をy
として方程式を立てる。
①人数の合計
$x+y=40$　　$x=40-y$
②入館料の合計
$3000×（1−0.9）×x+$
$1000×（1−0.5）×y$
$=53000$
$2700x+500y=53000$
❷①を②に代入して解く
$2700（40-y）+500y$
$=53000$
$108000-2200y$
$=53000$
$2200y=55000$
$y=25$人

問題2（1）…A　222000円
❶割引制度に沿った団体申し込みの金額を求める
50人まで⇒通常料金
　2000円×50人
　＝100000円
51〜100人⇒10%引きの金額
　2000円×（1−0.1）×

（100人−50人）
＝90000円
101〜120人⇒20%引きの金額
2000円×（1−0.2）×
（120人−100人）
＝32000円
合計　222000円

問題2（2）…D　1800円
❶割引制度に沿った団体申し込みの金額を求める
50人まで⇒通常料金
　2000円×50人
　＝100000円
51〜100人⇒10%引きの金額
　2000円×（1−0.1）×
　（100人−50人）
　＝90000円
101〜150人⇒20%引きの金額
　2000円×（1−0.2）×
　（150人−100人）
　＝80000円
合計
100000＋90000＋
80000＝270000円
❷均一料金を計算する
270000円÷150人
＝1800円

(3) 200人が入館するに当たり、一度に200人が入館する場合と100人ずつ2回に分けて入館する場合の料金の差はいくらですか。

A 12500円　　B 16000円　　C 22000円　　D 26700円
E 28800円　　F 30000円　　G 35000円　　H 38000円

問題3　　　　　　　　　　　　　　　　　制限時間☉3分20秒

ある企業ではコピーの月額使用料金を、以下の内容でA社と割引契約をしている。月3000枚までは通常料金の1枚4円。月3001〜5000枚は1枚3.8円、月5000枚を超える枚数は3.4円である。次の問いに答えなさい。

(1) 1カ月間で8000枚使用した場合の使用料はいくらですか。

A 18800円　　B 22000円　　C 23900円　　D 25900円
E 25950円　　F 27080円　　G 29800円　　H 32000円

(2) 1カ月間で5000枚使用したとき、割引契約をしている場合としていない場合の料金の差はいくらですか。

A 200円　　B 300円　　C 350円　　D 400円
E 420円　　F 480円　　G 520円　　H 560円

(3) 月の平均単価が1枚3.95円になるのは、何枚使用した場合ですか。

A 2800枚　　B 3200枚　　C 3400枚　　D 4000枚
E 4950枚　　F 6200枚　　G 8700枚　　H 8890枚

問題2 (3) … F 30000円

❶一度に申し込みをした場合の金額を求める

50人まで⇒通常料金
　2000円×50人
　=100000円

51〜100人⇒10%引きの金額
　2000円×(1-0.1)×
　(100人-50人)
　=90000円

101〜200人⇒20%引きの金額
　2000円×(1-0.2)×
　(200人-100人)
　=160000円

合計
100000+90000+
160000=350000円

❷2回に分ける場合の金額を求める

50人まで⇒通常料金
　2000円×50人
　=100000円

51〜100人⇒10%引きの金額
　2000円×(1-0.1)×
　(100人-50人)
　=90000円

合計　190000円
190000×2回=380000円

❸差額を求める

380000-350000
=30000円

問題3 (1) … G 29800円

❶各区分の使用料を計算する

3000枚までの使用料
　3000枚×4円=12000円

3001〜5000枚までの使用料
　2000枚×3.8円=7600円

5001〜8000枚までの使用料
　3000枚×3.4円=10200円

合計　29800円

問題3 (2) … D 400円

❶割引契約金額を計算する

3000枚までの使用料
　3000枚×4円=12000円

3001〜5000枚までの使用料
　2000枚×3.8円=7600円

合計　19600円

❷通常金額を計算する

5000枚×4円=20000円

❸差額を計算する

20000-19600=400円

問題3 (3) … D 4000枚

❶どの区分かを求める

5000枚使用の平均単価は(2)より

$\dfrac{19600}{5000}$=3.92である。

平均単価が3.95の場合は、使用枚数5000枚の平均単価3.92円を下回っていないので、使用枚数は3001〜5000枚の間になる。

❷方程式を立てる

使用枚数をxとして方程式を立てると

$\dfrac{4×3000+3.8(x-3000)}{x}$

=3.95

両辺にxを掛けて

12000+3.8x-11400

=3.95x

0.15x=600

x=4000枚

2 分割

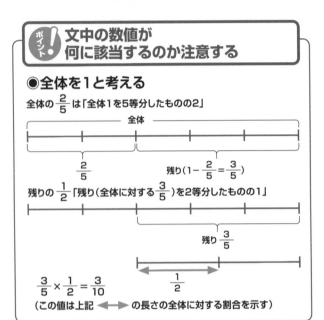

!ポイント **文中の数値が何に該当するのか注意する**

●全体を1と考える

全体の $\frac{2}{5}$ は「全体1を5等分したものの2」

──────── 全体 ────────

$\frac{2}{5}$　　　　残り$\left(1-\frac{2}{5}=\frac{3}{5}\right)$

残りの $\frac{1}{2}$ 「残り（全体に対する $\frac{3}{5}$ ）を2等分したものの1」

残り $\frac{3}{5}$

$\frac{1}{2}$

$\frac{3}{5}\times\frac{1}{2}=\frac{3}{10}$
（この値は上記 ◀━▶ の長さの全体に対する割合を示す）

例題1　　　　　　　　　　　　　制限時間⏱1分40秒

ある人が家を購入することになり、契約時に頭金として購入総額の $\frac{1}{5}$ を支払った。

次の問いに答えなさい。

(1) 初回の支払いに購入総額の $\frac{1}{3}$ を支払った場合、残金は購入総額のどれだけに当たりますか。

A $\frac{1}{50}$	B $\frac{1}{15}$	C $\frac{2}{15}$	D $\frac{1}{3}$
E $\frac{7}{15}$	F $\frac{8}{15}$	G $\frac{2}{3}$	H $\frac{3}{4}$

解き方のポイント

❶頭金と初回支払額を合計する

初回の支払額は購入総額の $\dfrac{1}{3}$ だから、頭金と足して求める。

$$\dfrac{1}{5} + \dfrac{1}{3} = \dfrac{3}{15} + \dfrac{5}{15} = \dfrac{8}{15}$$

残金は $1 - \dfrac{8}{15} = \dfrac{7}{15}$

答え

---

(2)初回に残金の $\dfrac{1}{4}$ を支払った場合、残金は購入総額のどれ
   だけに当たりますか。

A $\dfrac{1}{25}$ 　　 B $\dfrac{3}{25}$ 　　 C $\dfrac{1}{5}$ 　　 D $\dfrac{4}{25}$

E $\dfrac{2}{5}$ 　　 F $\dfrac{4}{15}$ 　　 G $\dfrac{3}{5}$ 　　 H $\dfrac{2}{3}$

解き方のポイント

❶支払額を全体の割合に直す

初回の支払額は残金の $\dfrac{1}{4}$ だから、全体の割合に直して計算
する。

残金は $1 - \dfrac{1}{5} = \dfrac{4}{5}$ より、初回の支払額を全体の割合に直すと

$$\dfrac{4}{5} \times \dfrac{1}{4} = \dfrac{1}{5}$$

頭金と初回の支払いの合計額は $\dfrac{1}{5} + \dfrac{1}{5} = \dfrac{2}{5}$ となる。

よって残金は $1 - \dfrac{2}{5} = \dfrac{3}{5}$

答え

問題1 制限時間⏱2分20秒

ある会社が別荘を購入するに当たり、購入総額の$\frac{1}{10}$を手付金として支払いました。受け渡し時には購入総額の$\frac{2}{5}$を支払いました。なお、分割に対する利息などは考慮しない。

(1)支払残高は購入総額のどれだけに当たりますか。

A $\frac{1}{4}$　　B $\frac{1}{2}$　　C $\frac{7}{20}$　　D $\frac{13}{20}$

E $\frac{3}{4}$　　F $\frac{4}{5}$　　G $\frac{17}{20}$　　H $\frac{9}{10}$

(2)支払残高を20回の均等払いにした場合、10回目を支払った後、今までの支払総額は購入総額のどれだけに当たりますか。

A $\frac{1}{40}$　　B $\frac{1}{20}$　　C $\frac{1}{4}$　　D $\frac{1}{2}$

E $\frac{3}{5}$　　F $\frac{2}{3}$　　G $\frac{3}{4}$　　H $\frac{4}{5}$

問題2 制限時間⏱2分40秒

新会社を設立する計画がある。新会社の資本金の$\frac{2}{5}$をAが、$\frac{1}{3}$をBが出資することが決まり、残りを募集することにした。

(1)AとBの出資額は資本金のどれだけになりますか。

A $\frac{1}{6}$　　B $\frac{1}{5}$　　C $\frac{3}{7}$　　D $\frac{11}{15}$

E $\frac{16}{21}$　　F $\frac{18}{25}$　　G $\frac{3}{4}$　　H AからGいずれとも違う

(2)Cが募集額の$\frac{3}{5}$を出資することに決まった。残りの募集額は資本金の何%に当たりますか(必要であれば最終数値の小数第2位を四捨五入すること)。

A 7.5%　B 8%　C 10.7%　D 15.6%　E 20%　F 22.3%

問題1(1) …B $\frac{1}{2}$

❶ 初回までの支払額を求める

購入総額の $\frac{1}{10}$ の手付金を支払い、受け渡し時の初回の支払額は購入総額の $\frac{2}{5}$ だから、どちらも購入額に対する割合で、初回までの支払額は足し算で求めることができる。

$$\frac{1}{10} + \frac{2}{5} = \frac{1}{10} + \frac{4}{10} = \frac{1}{2}$$

求めるのは、支払残高は購入総額のどれだけかだから、全体から引くことで計算できる。

よって $1 - \frac{1}{2} = \frac{1}{2}$

問題1(2) …G $\frac{3}{4}$

❶ 均等払いの額を求める

(1)の解答から、受け渡し後の支払残高は全体に対して $\frac{1}{2}$ である。その額を20回の均等払いにするので、1回当たりの額は全体に対して

$$\frac{1}{2} \times \frac{1}{20} = \frac{1}{40}$$

求めるのは10回目を支払った後の全体に対する割合だから

$$\frac{1}{40} \times 10 = \frac{1}{4}$$

この額が均等払いの額になる。

❷ 受け渡し時までの支払額 $\frac{1}{2}$ と合計する

$$\frac{1}{2} + \frac{1}{4} = \frac{3}{4}$$

問題2(1) …D $\frac{11}{15}$

❶ 資本金を合計する

Aの $\frac{2}{5}$ とBの $\frac{1}{3}$ はともに資本金に対する割合なので、合計で求める。

$$\frac{2}{5} + \frac{1}{3} = \frac{2 \times 3}{5 \times 3} + \frac{1 \times 5}{3 \times 5}$$
$$= \frac{6}{15} + \frac{5}{15} = \frac{11}{15}$$

問題2(2) …C 10.7%

❶ 全体に対する割合に統一する

注意する点は、ここでいう $\frac{3}{5}$ が資本金を1としたもの(資本金全体に対するもの)ではなく、募集額を1としている点である。

$\frac{3}{5}$ は違うものに対する割合のため、統一する必要がある。

募集額は、

$$1 - \frac{11}{15} = \frac{15}{15} - \frac{11}{15} = \frac{4}{15}$$

資本金全体の $\frac{4}{15}$ に当たる募集額の $\frac{3}{5}$ をCが出資するので、その残りが最終の募集額になる。

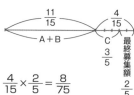

$$\frac{4}{15} \times \frac{2}{5} = \frac{8}{75}$$
$$= 0.1066\cdots$$

%にすると、$0.1066\cdots \times 100$
$= 10.66\cdots \rightarrow 10.7\%$

問題3　　　　　　　　　　　　制限時間⏱2分40秒

ある人が自転車を購入することになり、契約時に頭金として購入総額の$\frac{1}{50}$を支払った。次の問いに答えなさい。

(1)初回の支払いに頭金の$\frac{1}{5}$を支払った場合、残金は購入総額のどれだけに当たりますか。

A $\frac{1}{250}$　　B $\frac{11}{250}$　　C $\frac{17}{205}$　　D $\frac{18}{125}$

E $\frac{103}{250}$　　F $\frac{111}{125}$　　G $\frac{122}{125}$　　H $\frac{243}{250}$

(2)初回に購入総額の$\frac{1}{5}$を支払った場合、残金は頭金のどれだけに当たりますか。

A $\frac{3}{85}$　　B $\frac{12}{85}$　　C $\frac{5}{21}$　　D $\frac{67}{85}$　　E $\frac{82}{85}$　　F 28倍　　G 39倍

問題4　　　　　　　　　　　　制限時間⏱2分20秒

ある会社が土地を購入するに当たり、購入総額の$\frac{1}{4}$を手付金として支払った。受け渡し時には購入総額の$\frac{1}{5}$を支払った。なお、分割に対する利息などは考慮しない。

(1)支払残高は購入総額のどれだけに当たりますか。

A $\frac{1}{4}$　　B $\frac{1}{2}$　　C $\frac{7}{20}$　　D $\frac{11}{20}$

E $\frac{3}{4}$　　F $\frac{4}{5}$　　G $\frac{17}{20}$　　H $\frac{9}{10}$

(2)支払残高を20回の均等払いにした場合、10回目を支払った後、今までの支払総額は購入総額のどれだけに当たりますか。

A $\frac{11}{40}$　　B $\frac{17}{25}$　　C $\frac{37}{50}$　　D $\frac{77}{100}$

E $\frac{79}{100}$　　F $\frac{29}{40}$　　G $\frac{43}{50}$　　H $\frac{47}{50}$

問題3（1）…G $\frac{122}{125}$

❶初回の支払額を計算する

初回の支払額は頭金の $\frac{1}{5}$ だから

$$\frac{1}{50} \times \frac{1}{5} = \frac{1}{250}$$

❷残金の総額に対する割合を計算する

残金は $1 - (\frac{1}{50} + \frac{1}{250}) = \frac{244}{250}$
$$= \frac{122}{125}$$

頭金を含めることに注意。

問題3（2）…G 39倍

❶初回の支払額を計算する

この設問では、初回の支払額は総額の $\frac{1}{5}$ だから、どちらも総額に対する割合である。

頭金と初回の支払いの合計額は

$$\frac{1}{50} + \frac{1}{5} = \frac{11}{50}$$

❷残金の頭金に対する割合を計算する

残金は $1 - \frac{11}{50} = \frac{39}{50}$

残金の頭金に対する割合だから、

$$\frac{39}{50} \div \frac{1}{50} = \frac{39}{50} \times \frac{50}{1} = 39$$

問題4（1）…D $\frac{11}{20}$

❶初回までの支払額を計算する

購入総額の $\frac{1}{4}$ の手付金を支払い、受け渡し時の初回の支払額は購入総額の $\frac{1}{5}$ だから、どちらも購入総額に対する割合である。初回までの支払額は足し算で求めることができる。

$$\frac{1}{4} + \frac{1}{5} = \frac{5}{20} + \frac{4}{20} = \frac{9}{20}$$

❷残高の購入総額に対する割合を計算する

求められているのは、支払残高が購入総額のどれだけかということなので、全体から引くことで計算できる。

$$1 - \frac{9}{20} = \frac{11}{20}$$

問題4（2）…F $\frac{29}{40}$

❶均等払い1回当たりの金額を計算する

（1）の解答から、受け渡し後の支払残高は全体に対して $\frac{11}{20}$ である。その額を20回の均等払いにするので、1回当たりの額は全体に対して

$$\frac{11}{20} \times \frac{1}{20} = \frac{11}{400}$$

❷10回目までの支払額を計算する

求めるのは10回目を支払った後の全体に対する割合だから

$$\frac{11}{400} \times 10 = \frac{110}{400} = \frac{11}{40}$$

この分割払いの額と受け渡し時までの支払額の $\frac{9}{20}$ を合計して

$$\frac{9}{20} + \frac{11}{40} = \frac{18 + 11}{40} = \frac{29}{40}$$

3 | 割合

 割合の計算方法を覚えておく

●**割合を求める**　　割合 ＝ $\dfrac{それぞれの数}{母集団（全体）の数}$

●**％を計算する**　　％ ＝ $\dfrac{それぞれの数}{母集団（全体）の数}$ ×100

●**分数を計算する**　$\dfrac{A}{B} ÷ \dfrac{C}{D} = \dfrac{A}{B} × \dfrac{D}{C}$

例題1　　　　　　　　　　　　　　　　　　制限時間 ⏱3分

ある高校の生徒の携帯電話保有率を調べたところ、60％は持っていた。全生徒のうち男子は55％であり、男子の携帯電話保有率は80％であった。

(1) 女子の携帯電話保有率は何％ですか（必要なときは最後に小数第2位を四捨五入しなさい）。

| A 28.6% | B 35.6% | C 50.6% | D 55.6% |
| E 57.6% | F 58% | G 58.6% | H 59.3% |

解き方のポイント

❶ 全体を100人として求める方法

全体を仮に100人とすると、男子の人数は55人
男子の携帯電話保有者は55人×80％＝44人
生徒全体の保有率が60％であるから、全体で

100人×60％＝60人
女子の保有者は　60人－44人＝16人
女子の保有率は　16÷45×100＝35.55…
よって35.6％

❷ 割合で求める方法

携帯電話を保有している男子の全体に対する割合は
55％×80％＝0.55×0.8＝0.44（44％）
全体での保有率は60％であるから、
女子の全体に対する保有率　60％－44％＝16％
女子の人数は全体の45％であるから
女子だけの割合は　0.16÷0.45＝0.3555…
よって35.55％→35.6％

答え

---

(2)携帯電話を持っていない男子は全体のどれだけですか。

| A 8％ | B 11％ | C 18％ | D 20％ |
| E 21％ | F 25％ | G 35％ | |

解き方のポイント

❶ 図解して整理する

男子55％	女子45％	
持っている男子80％ （全体に対しては 55％×80％＝44％）	持っている女子？％ （全体に対しては 60％－44％＝16％）	持っている 60％
持っていない男子20％ （全体に対して？％）	持っていない女子？％	持っていない 40％

❷ 計算する

携帯電話を持っている男子の
全体に対する割合は44％
男子は全体の55％だから　55－44＝11％

答え

問題1　　　　　　　　　　　　　　　　　　　　制限時間⏱3分

ある大学の学生を調べたところ、学生全体に対して日本人の割合は80%で、ほかは留学生であった。留学生のうち40%が女子学生で、また、学生全体に対して女子学生の占める割合は35%であった。次の問いに答えなさい。

(1)日本人の学生のうち、女子学生の占める割合は何%ですか。

| A 11% | B 12.5% | C 15.6% | D 17.15% |
| E 22.55% | F 28% | G 30.25% | H 33.75% |

(2)留学生男子の学生全体に対する割合は何%ですか。

| A 6% | B 9% | C 12% | D 15% |
| E 18% | F 19% | G 21% | H 23% |

問題2　　　　　　　　　　　　　　　　　　　制限時間⏱4分30秒

あるカルチャースクールの生徒を調査したところ、市内在住の生徒が75%であり、そのうち女性が60%であった。また、生徒全体の女性の割合は55%であった。次の問いに答えなさい。

(1)市内在住の女性生徒は生徒全体の何%ですか。

| A 45% | B 46.5% | C 50.6% | D 52.5% |
| E 57.5% | F 58% | G 58.6% | H 59.3% |

(2)市外在住の男性生徒は生徒全体の何%ですか。

| A 5% | B 6.5% | C 10.5% | D 12% |
| E 15% | F 22.5% | G 58.6% | H 59.3% |

問題1 (1) … H　33.75%

❶ 留学生の割合を求める

学生全体に対して日本人の割合
は80%であるから控除して
100%－80%＝20%
（留学生の学生全体に対する割合）

**❷ 留学生の男女別の学生全体に
　対する割合を求める**

留学生のうち40%が女子学生で、
その留学生は学生全体の20%。
留学生女子の学生全体に対する
割合　20%×40%＝8%

**❸ 日本人女子の学生全体に対す
　る割合を求める**

日本人女子の学生全体に対する
割合　35%－8%＝27%

**❹ 日本人学生のうち女子学生の
　占める割合を求める**

上記❶～❸より、日本人女子の
学生全体に対する割合が27%、
学生全体に対する80%が日本
人であるから、
27%÷80%＝33.75%

問題1 (2) … C　12%

日本人学生80%	留学生20%	
女子 （学生全体に対し て27%）	女子 （学生全体に対 して8%）	留学生の 40%
男子	男子	留学生の 60%

留学生の割合は20%。そのうち
女子の学生全体に対する割合は
8%であるから、
20%－8%＝12%

<別解>
留学生20%のうち男子学生は
60%であるから
20%×60%＝12%

問題2 (1) … A　45%

市内在住75%	市外在住25%
男性生徒40% （全体に対して30%）	
女性生徒60% （全体に対して45%）	

市内在住の生徒が75%を占め、
その60%が女性であるから
0.75×0.6＝0.45 → 45%

問題2 (2) … E　15%

❶ 市外の女性生徒の割合を求める

上記(1)より、市内の女性生徒は
生徒全体の45%。生徒全体の
女性の割合が55%であるから、
市外の女性生徒は
55%－45%＝10%

❷ 市外の男性全員の割合を求める

求める市外の男性生徒は市外在
住の25%から市外女性生徒の
10%を引いて
25%－10%＝15%

市内在住75%	市外在住25%	
男性生徒40% （全体に対して 30%）	男性生徒 （全体に対して 15%）	男性生徒 45%
女性生徒60% （全体に対して 45%）	女性生徒 （全体に対して 10%）	女性生徒 55%

(3) 市内在住の男性生徒数が600人でした。カルチャースクール全体の生徒数は何人ですか。

A 680人　　B 1200人　　C 1800人　　D 2000人
E 2280人　　F 3200人

問題3　　　　　　　　　　　　　　　　制限時間⊙1分

A、B、Cの3人が同じ本を読んでいる。この本のページ数は600ページである。Aが160ページ読み終えたとき、Bは120ページを読み終えたところであった。また、Bが150ページ読み終えたとき、Cは100ページを読み終えたところであった。3人が同時に読み始め、一定の速さで読み進めるとすると、Aが本のすべてを読み終えたとき、Cは何ページまで読み終えていますか。

A 150ページ　　　B 200ページ　　　C 250ページ
D 300ページ　　　E 350ページ

問題4　　　　　　　　　　　　　　　制限時間⊙1分20秒

A町からB町まで、電車とバスを乗り継いで行くと、料金は合わせて800円である。ところが、電車の料金が3割、バスの料金が2割値上げされたので、合わせて1020円になった。値上げ後の電車とバスの料金をそれぞれ求めなさい。

A 電車 310円　バス 710円　　B 電車 400円　バス 620円
C 電車 600円　バス 420円　　D 電車 700円　バス 320円
E 電車 780円　バス 240円

問題5　　　　　　　　　　　　　　　制限時間⊙1分40秒

Aさんは、所持金の$\frac{5}{9}$より400円少ない金額で化粧品を買った。その後、アルバイトをして2200円を得たので、所持金の$\frac{2}{7}$より600円多く使って洋服を購入したところ、残金は2400円になった。Aさんの最初の所持金を求めなさい。

A 2000円　　B 2200円　　C 3000円　　D 3600円
E 3900円　　F 4000円　　G 4500円　　H 5000円

問題2（3）… D　2000人

❶市内在住の男性生徒の全体に対する割合を求める

$0.75 \times 0.4 = 0.3$
（または75％−45％）

❷カルチャースクール全体の生徒数を求める

全体をxとすると

$0.3x = 600$人

$x = 600 \div 0.3 = 2000$人

問題3… D　300ページ

A	B	C
160	120	
	150	100
600	450	300

$$\downarrow \qquad \downarrow \qquad \downarrow$$
$$4 \quad : \quad 3 \quad : \quad 2$$

Aが600ページ読み終えたとき、Cはxページまで読み終えているとすると、

$4 : 2 = 600 : x$

$x = 300$

問題4… E　電車 780円
　　　　　　　バス 240円

❶連立方程式を立てる

値上げ前の電車、バスの料金をそれぞれx（円）、y（円）とする。

$$\begin{cases} x + y = 800 \\ 1.3x + 1.2y = 1020 \end{cases}$$

$x = 600$、$y = 200$

❷値上げ後の料金を求める

電車……$600 \times 1.3 = 780$円

バス……$200 \times 1.2 = 240$円

問題5… D　3600円

❶最初の所持金をx（円）として計算式を立てる

最初の所持金をx（円）とする。

化粧品の代金 $\dfrac{5}{9}x - 400$円

化粧品を買った残りの金額

$x - (\dfrac{5}{9}x - 400)$

$= \dfrac{4}{9}x + 400$円

アルバイト代を得た後の金額

上の式に2200円を加えるので、

$\dfrac{4}{9}x + 2600$円

❷洋服の代金を求める

$\dfrac{2}{7}(\dfrac{4}{9}x + 2600) + 600$

$= \dfrac{8}{63}x + \dfrac{9400}{7}$

❸残りの金額についての式を立て、最初の所持金を求める

$\dfrac{4}{9}x + 2600$

$- (\dfrac{8}{63}x + \dfrac{9400}{7})$

$= 2400$

これを解いて、

$x = 3600$円

4 数表・図表

> **ポイント** 数値の意味を把握し、
> 素早くデータを読み取る

● 表中の数値の意味を把握する
● 変化する数値を表に反映させる

どの大学について？

	A大学 (%)	B大学 (%)	C大学 (%)	その他 (%)	在籍者 (人)
ア高校	30 (40)	20 (70)	40 (82)	10 (67)	450
イ高校	45 (35)	20 (X)	25 (85)	10 (85)	400

どの高校について？　　カッコ書きは何の%？　　単位は何？

例題1　　　　　　　　　　　制限時間⏱2分30秒

下記の表の数値はア、イ、ウ高校のA、B、C、その他の大学への進学希望者全体に対する受験者の割合、（ ）内の数値はその大学への合格率を表している。ただし、右端の欄は各高校の進学希望者の人数である。

	A大学(%)	B大学(%)	C大学(%)	その他(%)	在籍者(人)
ア高校	30 (30)	22 (75)	20 (80)	28 (50)	600
イ高校	25 (37)	24 (95)	25 (75)	26 (90)	400
ウ高校	24 (30)	15 (X)	11 (26)	50 (45)	500

（1）A大学に一番多く合格者を出した高校はどこですか。

A ア高校　　B イ高校　　C ウ高校　　D どれともいえない

❶ 受験者数を計算する

表には、一番右の欄に「進学希望者」の人数が、ほかの欄に各高校の受験者の割合が示してある。よって、A大学の受験者数は、

ア高校 600人×30%＝180人
イ高校 400人×25%＝100人
ウ高校 500人×24%＝120人

❷ 合格者数を計算する

合格率は上記受験者数に対する割合だから、合格者数は、

ア高校 180人×30%＝54人
イ高校 100人×37%＝37人
ウ高校 120人×30%＝36人

よって、A大学に一番多く合格者を出したのは
ア高校となる。

答え

A

---

(2)ウ高校からのB大学への合格者が42人の場合、Xの数値はいくつですか。

A 0.2　　　B 0.4　　　C 20　　　D 40
E 56　　　F 75　　　G 77　　　H 84

❶ 合格率を計算する

答え

E

ウ高校のB大学の受験者は、500人×15%＝75人

合格率＝$\frac{42}{75}$＝0.56　　　56%

問題1   制限時間⏱1分20秒

次の表は、A～C市の面積、人口、人口密度を表したものである。B市の面積はC市の面積のおよそ何倍ですか。

	面積（km²）	人口（人）	人口密度（人/km²）
A市	157	47100	300
B市		28800	40
C市		15700	25

A 0.87倍　　B 0.92倍　　C 1.14倍　　D 1.32倍

E 1.56倍　　F 1.92倍　　G 2.12倍　　H 3.92倍

問題2   制限時間⏱3分20秒

次の資料に基づき、下の問いに答えなさい。

地域	人口（千人）	面積（km²）	人口1万人当たりのペットの飼育数
ア市	30	500	1000
イ市	50	250	500
ウ市	28	300	800
エ市	17	400	1500

上記の表はある県の都市別の人口、面積、人口1万人当たりのペットの飼育数を集計したものである。

(1) ペットの飼育数が2番目に多いのは、どの都市ですか。

　　A ア市　　　B イ市　　　C ウ市　　　D エ市

(2) 面積1km²当たりのペットの飼育数が2番目に多いのは、どの都市ですか。

　　A ア市　　　B イ市　　　C ウ市　　　D エ市

問題1 … C　1.14倍

❶B市の面積を計算する

人口密度は、<u>人口(人)÷面積(km²)</u>で求めることから、

<u>人口=面積×人口密度　面積=人口÷人口密度</u>　で求められる。

B市の人口は28800人、人口密度は40人/km²なので、面積は、

$28800÷40=720km^2$

❷C市の面積を計算する

C市の人口は15700人、人口密度は25人/km²なので、面積は、

$15700÷25=628km^2$

❸何倍かを計算する

$\dfrac{720}{628}=1.14\cdots$

問題2(1) … D　エ市

❶ペット数を計算し、比較する

<u>人口→「千人」と「1万人当たり」の単位をそろえて計算する。</u>

ア市　30000÷10000×1000=3000

イ市　50000÷10000×500=2500

ウ市　28000÷10000×800=2240

エ市　17000÷10000×1500=2550

となるので、2番目に多いのはエ市。

問題2(2) … C　ウ市

❶ペット数を計算する

ペットの飼育数を面積で割る。

各市のペットの飼育数は、(1)より

ア市　3000

イ市　2500

ウ市　2240

エ市　2550

❷1km²当たりの数を計算する

次に1km²当たりのペットの飼育数を計算すると、

ア市　3000÷500=6

イ市　2500÷250=10

ウ市　2240÷300=7.466…

エ市　2550÷400=6.375

となるので、2番目に多いのはウ市。

次の資料を使って、(1)から(4)までの4問に答えなさい。

		国語の得点					
		5点	6点	7点	8点	9点	10点
数学の得点	5点	1		1			
	6点		4		4		1
	7点			6	10	5	
	8点				4	1	
	9点			2	7		
	10点			3			1

上記の表はあるクラス50人の数学と国語のテスト結果の相関表である。

(1)国語の得点が数学の得点より良かった学生は何人ですか。

A 8人　　　　B 15人　　　　C 16人　　　　D 20人
E 22人　　　F 25人　　　G 28人　　　H 29人

(2)数学と国語の合計得点の最頻値(最も多い値)は何点ですか。

A 8点　　　　B 9点　　　　C 11点　　　　D 13点
E 14点　　　F 15点　　　G 16点　　　H 17点

(3)クラス全体の平均点は数学と国語ではどちらが何点高くなりますか。

A 国語が0.08点高い　　　　E 数学が0.44点高い
B 国語が0.12点高い　　　　F 数学が0.58点高い
C 国語が0.3点高い　　　　　G 数学が1.2点高い
D 国語が1.2点高い　　　　　H どちらも同じ

(4)数学が8点以上の学生の国語の平均点は何点ですか(必要であれば最後に小数第3位を四捨五入すること)。

A 6.89点　　　B 7.52点　　　C 7.89点　　　D 8.35点
E 8.67点　　　F 8.95点　　　G 9.11点　　　H 9.25点

問題3(1) … E　22人

| | | 国語の得点 | | | | | |
		5点	6点	7点	8点	9点	10点
数学の得点	5点	1		1			
	6点		4		4		1
	7点			6	10	5	
	8点				4	1	
	9点			2	7		
	10点			3			1

国語と数学の得点の同点の箇所に線を引く。

右上側に含まれる人数の合計が国語の得点が数学の得点より良い者の数になる。1＋4＋10＋5＋1＋1＝22人

問題3(2) … G　16点

| | | 国語の得点 | | | | | |
		5点	6点	7点	8点	9点	10点
数学の得点	5点	1		1			
	6点		4		4		1
	7点			6	10	5	
	8点				4	1	
	9点			2	7		
	10点			3			1

合計点数が同じ者は上図のように斜めの線で表せる(例えば国語8点＋数学6点＝合計14点と国語7点＋数学7点＝合計14点)。

合計点	人数	合計点	人数
10点	1人	16点	2＋4＋5＋1＝12人
12点	4＋1＝5人	17点	3＋7＋1＝11人
14点	6＋4＝10人	20点	1人
15点	10人		

よって、合計点の最頻値は16点である。

問題3(3) … C　国語が0.3点高い

各科目の得点の人数をその得点に掛ける。
合計して50人で割って平均点を求める。

国語の方が $\dfrac{387点}{50人} - \dfrac{372点}{50人} = \dfrac{15点}{50人} = 0.3点高い$

問題3(4) … C　7.89点

数学が8点以上の学生の国語の点数は、7点が5人、8点が11人、9点が1人、10点が1人である。

(35＋88＋9＋10)÷18＝7.888…(小数第3位を四捨五入)

次の資料を使って、（1）から（4）までの4問に答えなさい（必要
であれば小数第2位を四捨五入すること）。

国＼輸出品目	A商品	B商品	C商品	その他	各国輸出全体
中国	20%	40%	30%	10%	20%
アメリカ	10%	20%	30%	40%	10%
フランス	25%	15%	40%	20%	40%
その他の国	45%	25%	10%	20%	30%
各商品輸出全体	28.5%			20%	100%

上記の表はある企業の2012年のA、B、C、その他の商品の
輸出額を輸出国ごとに％で集計したものである。また、一番右
の欄は各国の輸出額の、企業の輸出額全体に対する割合を、一
番下の欄は各商品の輸出額の、企業の輸出額全体に対する割合
を％で示している。

（1）輸出額全体に対するB機械の輸出額は何％ですか。

A 15.5%　　B 18.3%　　C 20.5%　　D 21.3%
E 23.5%　　F 24.3%　　G 24.5%　　H 25.3%

（2）フランスにおいて、C商品の輸出額が半分になり、ほかの商
　　品の輸出額に変化がないとした場合、フランスにおけるA商
　　品がフランス全体に対して占める輸出割合は何％ですか。

A 5%　　　B 13%　　　C 19.5%　　D 25%
E 30%　　　F 31.3%　　G 35.5%　　H 38.3%

（3）アメリカの輸出額は4年前（2008年）に比べ、B商品は2倍
　　に増えC商品は半減している。ほかは変化がない場合、4年
　　前のアメリカのA商品が、アメリカ全体に対して占める輸出
　　割合は何％ですか。

A 3.3%　　B 6%　　　C 8.3%　　　D 9.5%
E 9.9%　　F 10.3%　　G 13.3%　　H 33.3%

問題4（1）…E　23.5%

❶各国のB商品の輸出額を計算する

B商品の中国への企業全体に対する輸出割合は、

20％×40％＝8％

B商品のアメリカへの企業全体に対する輸出割合は、

10％×20％＝2％

B商品のフランスへの企業全体に対する輸出割合は、

40％×15％＝6％

B商品のその他の国への企業全体に対する輸出割合は、

30％×25％＝7.5％

合計すると、8＋2＋6＋7.5＝23.5％となる。

問題4（2）…F　31.3%

❶フランスの輸出全体を1として計算する

フランス全体を1とした各商品の輸出割合は

フランスのA商品は25％　　　フランスのB商品は15％

フランスのC商品は40％　　　フランスのその他の商品は20％

❷変化した数値に変更して計算する

問題より、C商品の輸出額が半分になった場合だから、20％として計算すると、25＋15＋20＋20＝80を新しい1としたA商品のフランス全体に対する割合は、25÷80×100＝31.25…→31.3％（小数第2位を四捨五入）

問題4（3）…C　8.3%

❶アメリカの輸出全体を1として計算する

上記(2)と同様に計算すると、

アメリカのA商品は、10％　　　アメリカのB商品は、20％

アメリカのC商品は、30％　　　アメリカのその他の商品は、40％

❷変化した数値に変更して計算する

問題より、4年前のB商品は$20×\frac{1}{2}＝10$、

4年前のC商品は、30×2＝60

（4年前の数値にするため、反対で考える）

これを考慮し合計すると、10＋10＋60＋40＝120となり、

4年前のA商品のアメリカ全体に対する割合は、

10÷120×100＝8.33…→8.3％（小数第2位を四捨五入）

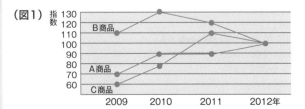

(図1)

(4) 上記の図1は2009年からのフランスにおける各商品の輸出額の変動を示したものである。フランスにおける2009年のA商品の輸出額はB商品の何倍ですか。ただし、図1は2012年を100とした指数である（必要なときは、最後に小数第3位を四捨五入しなさい）。

A 0.42倍　　B 0.78倍　　C 0.90倍　　D 0.94倍　　E 1.06倍

F 1.23倍　　G 1.35倍　　H 2.49倍　　I 3.54倍

問題5　　　　　　　　　　　　　　　　　　　制限時間 ⏱4分

次の資料に基づき、下の問いに答えなさい。

年代	人口	女性	A型
0～19歳	38000人	18000人	42%
20～39歳	72000人	38500人	33%
40～59歳	65000人	34000人	35%
60歳以上	64000人	29000人	37%

上記の表はある都市の年代別の人口・女性の人数・血液型（A型）の割合を集計したものである。

(1) 血液型がA型の人数が最も多い年代はどれですか。

　　A 0～19歳　　B 20～39歳　　C 40～59歳　　D 60歳以上

(2) 女性の割合が2番目に高い年代はどれですか。

　　A 0～19歳　　B 20～39歳　　C 40～59歳　　D 60歳以上

(3) この都市の人口に対して、0～19歳の女性の人数の占める割合は何%ですか。

　　A 7.5%　　B 12.1%　　C 13.8%　　D 14.2%　　E 15.0%　　F 54.5%

問題4 (4) … E　1.06倍

❶グラフから2009年の指数を読み取る

指数は2012年を100としたものである。図を見ると、2012年は各商品とも100である。そこからさかのぼって、各年減少しているか、増加しているかをグラフで表している。

2009年の指数　　A商品＝70　　　B商品＝110

❷2012年の輸出額を求める

輸出額が100と仮定すると

A商品　100×25％＝25

B商品　100×15％＝15

❸2009年の輸出額を求める

A商品　$25 \times \frac{70}{100} = 17.5$　　　B商品　$15 \times \frac{110}{100} = 16.5$

❹比率を求める

A商品とB商品の比率を求めると $\frac{17.5}{16.5} = 1.060\cdots$

問題5 (1) … B　20〜39歳

❶年代別の人数を計算する

0〜19歳　　　38000×42％＝15960人

20〜39歳　　72000×33％＝23760人

40〜59歳　　65000×35％＝22750人

60歳以上　　64000×37％＝23680人

以上により、20〜39歳が正解となる。

問題5 (2) … C　40〜59歳

各年代における、人口に対する女性の割合を計算する。

0〜19歳　　　18000÷38000＝0.473…

20〜39歳　　38500÷72000＝0.534…

40〜59歳　　34000÷65000＝0.523…

60歳以上　　29000÷64000＝0.453…

以上により、40〜59歳が正解となる。

問題5 (3) … A　7.5％

すべての年代の人口の和に対する0〜19歳の女性の割合を
計算すればよい。

18000÷(38000＋72000＋65000＋64000)

＝0.075…よって7.5％

5 順列・組み合わせ

 順列・組み合わせの公式を覚える

●順列 → 並び順を区別する

この数値からスタートし1ずつ引き

公式　$_5P_3 = 5 \times 4 \times 3 = 60$

この数だけ掛け算する

●組み合わせ → 並び順を区別しない

分子はPと同じで、その数値からスタートして1ずつ引き、右の数の分だけ掛け算する

公式　$_5C_3 = \dfrac{5 \times 4 \times 3}{3 \times 2 \times 1} = 10$

分母はその数値から1ずつ引き、1まで掛ける

例題1　　　　　　　　　　　　　制限時間⏱45秒

1、2、3、4、5の5枚のカードがある。このうち2枚を選び2桁の整数をつくるとき、何通りの整数ができますか。

A 20通り　B 36通り　C 60通り　D 120通り　E 360通り

解き方のポイント

❶順列か組み合わせかを判断する

5枚の中から2枚のカードを選び、2桁の整数をつくるという問題。例えば「1、2」の2枚のカードを選んだ場合、並べる順番によって異なる整数となる（「12」または「21」）。従って、順列の公式を利用する。

$_5P_2 = 5 \times 4 = 20$通り

答え
A

男子6人、女子4人からなるグループの中から3人の代表者を選ぶとき、次の(1)、(2)に答えなさい。

(1)代表者の選び方は何通りありますか。

A 24通り	B 120通り	C 252通り
D 504通り	E 3024通り	

解き方のポイント

❶ 順列か組み合わせかを判断する

10人のグループから3人の代表者を選ぶ問題。例えばA、B、Cの3人を選んだ場合、並び順は関係ない(「A、B、C」または「C、B、A」でも同じ)。従って、組み合わせの公式を利用する。

答え **B**

$$_{10}C_3 = \frac{10 \times 9 \times 8}{3 \times 2 \times 1} = \frac{720}{6} = 120通り$$

(2)代表者の中に女子が少なくとも1人入る選び方は何通りありますか。

A 15通り　　B 24通り　　C 72通り　　D 100通り　　E 306通り

解き方のポイント

❶ 余事象の計算式を使う

『すべての場合の数−特定の場合の数=特定以外の場合の数』という余事象の考え方を利用する。つまり、全体の組み合わせの数から、3人とも男子となる組み合わせの数を引けばよい。

$$_{10}C_3 - {}_6C_3 = \frac{10 \times 9 \times 8}{3 \times 2 \times 1} - \frac{6 \times 5 \times 4}{3 \times 2 \times 1}$$

$$= 120 - 20 = 100通り$$

答え **D**

練習問題

問題1　制限時間 ⓧ45秒

1から4の4枚のカードから2枚取って、2桁の整数をつくると何通りの数がつくれますか。

　A 2通り　B 3通り　C 6通り　D 12通り　E 24通り　F 48通り

問題2　制限時間 ⓧ45秒

AからJの10人から、3人の役員を選出することになった。選び方は何通りありますか。

　A 24通り　　B 56通り　　C 82通り　　D 98通り
　E 116通り　 F 120通り

問題3　制限時間 ⓧ45秒

AからJの10人から、代表、副代表、会計を1人ずつ選出することになった。選び方は何通りありますか。

　A 12通り　　B 48通り　　C 56通り　　D 336通り
　E 720通り　 F 1260通り

問題4　制限時間 ⓧ45秒

AからLまでの12匹の犬がいる。この中から5匹を選ぶとき、BとKをともに含む選び方は何通りありますか。

　A 80通り　B 90通り　C 100通り　D 110通り　E 120通り

問題5　制限時間 ⓧ1分

次の図のような道路がある。最短距離でアからイまで行く方法は何通りありますか。

　A 36通り　　B 34通り
　C 32通り　　D 30通り
　E 28通り

順列…並べる順番（順序）を考える$_nP_r$計算
組み合わせ…並べる順番（順序）を考えない$_nC_r$計算

問題1…D　12通り
❶順列の公式を使う

| 1 | | 2 | | 3 | | 4 |

整数をつくる場合は、その4枚のカードの順番を考慮する。

12	13	14
21	23	24
31	32	34
41	42	43

上記12通りができる。
順列$_4P_2$の計算。
$_4P_2＝4×3＝12$通り

問題2…F　120通り
❶組み合わせの公式を使う

本問は順番を考慮する必要がない（10人から3人を選出）。
組み合わせ$_nC_r$を使用する。
$_{10}C_3＝\dfrac{10×9×8}{3×2×1}＝120$通り

問題3…E　720通り
❶順列の公式を使う

本問は順番を考慮する（各役職を決める）。
順列$_nP_r$を使用する。
$_{10}P_3＝10×9×8＝720$通り

問題4…E　120通り
❶組み合わせの公式を使う

5匹には必ずBとKの2匹が含まれるので、BとKを除いた10匹から3匹を選ぶ選び方で求めればよい。
$_{10}C_3＝\dfrac{10×9×8}{3×2×1}＝120$通り

問題5…A　36通り
❶組み合わせの公式を使う

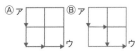

アからウに行く最短経路は、後戻りできないので、例えば、
記号で表すと
Ⓐは「↓→↓→→」、
Ⓑは「↓→↓→」となる。
つまり、↓2本と→2本の合計4本の組み合わせである。
全部で4回移動する中から、下に2回移動すればよいので、
組み合わせの公式から、
$_4C_2＝\dfrac{4×3}{2×1}＝6$通り
ウ→イも同じように計算すると、6通りになる。
従ってア→イは、$6×6＝36$通りとなる。

友人6人で2日間のキャンプに行くことになった。次の問いに答えなさい。

(1) 2日間の朝食の担当を各日1人ずつ選びたい。ただし、初日と2日目は違う人を選び、その担当する日も決定するとき、何通りの選び方がありますか。

A 15通り　　B 18通り　　C 20通り　　D 30通り
E 125通り　F 250通り

(2) 2日間の朝食の担当を各日1人ずつで計2人選びたい。何通りの選び方がありますか。

A 9通り　　B 15通り　　C 18通り　　D 30通り
E 40通り　F 90通り

(3) 2日間の朝食の担当を各日1人ずつ選びたい。ただし、初日と2日目は重複してもよいとき、何通りの選び方がありますか。

A 15通り　　B 36通り　　C 42通り　　D 48通り
E 72通り　F 144通り

大人9人と子供4人の13人の中から、少なくとも1人の子供を含んで5人選ぶとき、何通りの選び方がありますか。

A 1287通り　B 126通り　C 1543通り　D 1252通り
E 1161通り　F 360通り　G 180通り　H 240通り

問題6(1)…D 30通り

❶順列の公式を使う

初日は6人で6通り、2日目は初日に選ばれた1人を除く5人から選ぶので、5通りと考える(初日、2日目と順番があるので、順列で計算する)。

$_6P_2=6\times5=30$通り

問題6(2)…B 15通り

❶組み合わせの公式を使う

初日と2日目の順番がないので、6人から2人を選ぶと考える。
従って、組み合わせで計算する。

$_6C_2=\dfrac{6\times5}{2\times1}=15$通り

問題6(3)…B 36通り

❶同じ人を選んでもよい点に注意する

初日と2日目は重複して同じ人を選んでよいため、初日・2日目とも6人から選ぶ(初日は6人で6通り、2日目も6人で6通り)。

$6\times6=36$通り

問題7…E 1161通り

❶問題文を整理する

少なくとも 子供を 1人含む	子供を 1人も 含まない

図のように、「少なくとも子供を1人含む」と、「子供を1人も含まない」という2つの事象は排反である。
子供を1人も含まない選び方を

求め、その値をすべての選び方から引けばよい。

❷13人の中から5人を選ぶ組み合わせを求める

$_{13}C_5=\dfrac{13\times12\times11\times10\times9}{5\times4\times3\times2\times1}$
　　$=1287$通り

❸子供を1人も含まない組み合わせを求める

このうち、子供を1人も含まない選び方は、9人の大人の中から5人を選ぶ組み合わせで、

$_9C_5=\dfrac{9\times8\times7\times6\times5}{5\times4\times3\times2\times1}$
　　$=126$通り

よって、少なくとも子供1人を含む選び方は

$1287-126=1161$通り

6 確率

連続の法則・和の法則・
余事象を覚える

●確率 = $\dfrac{\text{ある事柄が起こる場合の数}}{\text{起こりうるすべての場合の数}}$

●2つの事柄A、Bが連続して
　起こる確率
　＝Aの起こる確率×Bの起こる確率

●ある事柄Aが起こらない確率
　＝1－Aが起こる確率

●Aが少なくとも1回起こる確率
　＝1－Aが1回も起こらない確率

例題1　　　　　　　　　　制限時間⏱45秒

白球5個と赤球3個が入った袋から、球を戻さずに2つの球を取り出す。2つとも白球である確率を求めなさい。

A $\dfrac{2}{7}$　　B $\dfrac{5}{14}$　　C $\dfrac{1}{2}$　　D $\dfrac{4}{7}$　　E $\dfrac{9}{14}$　　F $\dfrac{11}{14}$

解き方のポイント

❶ 基本公式を使用する

2つの事柄 A、Bが連続して起こる確率
→ Aの起こる確率×Bの起こる確率

❷ 「球を戻さずに」の一文に注意する

①1つ目が白球の確率 $= \dfrac{5}{8}$

②2つ目も白球の確率 $= \dfrac{4}{7}$

①②が連続して起こる確率 $= \dfrac{5}{8} \times \dfrac{4}{7} = \dfrac{5}{14}$

答え
B

例題2　　　　　　　　　　　　制限時間⏱1分

白球5個と赤球3個が入った袋から、球を戻さずに2つの球を取り出すとき、少なくとも1つが白球である確率を求めなさい。

A $\dfrac{3}{7}$　　B $\dfrac{5}{8}$　　C $\dfrac{9}{14}$　　D $\dfrac{3}{28}$　　E $\dfrac{25}{28}$　　F $\dfrac{27}{28}$

解き方のポイント

❶ 基本公式を使用する

Aが少なくとも1回起こる確率
→ 1−Aが1回も起こらない確率

本問では、少なくとも1つが白球である確率
→ 1−白が出ない確率＝2つとも赤球である確率

①2つとも赤球を取り出す確率 $= \dfrac{3}{8} \times \dfrac{2}{7} = \dfrac{3}{28}$

②少なくとも1つが白球である確率

$= 1 - \dfrac{3}{28} = \dfrac{28}{28} - \dfrac{3}{28} = \dfrac{25}{28}$

答え
E

問題1　　　　　　　　　　　　　　　　　　制限時間⏱45秒

サイコロを2回振って、2回とも奇数が出る確率はいくつですか。

A $\frac{1}{28}$　　B $\frac{1}{12}$　　C $\frac{1}{8}$　　D $\frac{1}{6}$　　E $\frac{1}{4}$　　F $\frac{1}{2}$

問題2　　　　　　　　　　　　　　　　　制限時間⏱1分20秒

2つのサイコロを同時に振るとき、サイコロの目の積が偶数となる確率はいくつですか。

A $\frac{1}{2}$　B $\frac{1}{4}$　C $\frac{3}{4}$　D $\frac{7}{36}$　E $\frac{7}{18}$　F $\frac{13}{36}$　G $\frac{23}{36}$　H $\frac{13}{18}$

問題3　　　　　　　　　　　　　　　　　　制限時間⏱45秒

赤球が5個、青球が7個入っている袋がある。この袋から球を1個取り出し、それを戻さずにさらに1個取り出すとき、取り出した2個の球が赤球である確率はいくつですか。

A $\frac{5}{12}$　B $\frac{4}{11}$　C $\frac{5}{11}$　D $\frac{1}{3}$　E $\frac{4}{33}$　F $\frac{5}{33}$　G $\frac{1}{33}$　H $\frac{7}{11}$

問題4　　　　　　　　　　　　　　　　　制限時間⏱1分20秒

白球8個、黒球6個の入っている袋から、同時に4個を取り出す。4個とも白球である確率はいくつですか。

A $\frac{4}{143}$　　B $\frac{6}{143}$　　C $\frac{7}{143}$　　D $\frac{8}{143}$　　E $\frac{10}{143}$　　F $\frac{1}{13}$

問題1…E $\frac{1}{4}$

❶連続なので2つの確率を掛ける

1回目のサイコロで、奇数が出るケースは1、3、5の3通り。
2回目も同様に3通り。
1回目に奇数が出る確率

$$\frac{3}{6}=\frac{1}{2}$$

2回目も同様に $\frac{1}{2}$

連続して奇数が出る確率

$$\frac{1}{2}\times\frac{1}{2}=\frac{1}{4}$$

問題2…C $\frac{3}{4}$

❶余事象で考える

次の図のように、「2つの目の積が偶数」と「2つの目の積が奇数」という2つの事象が排反であるから、「2つの目の積が奇数」である確率を求め、その確率を1から引いて答えを求める。

2つの目の積が偶数	2つの目の積が奇数

2つのサイコロの目の積が奇数となるのは、2つのサイコロの目がともに奇数(1、3、5のいずれか)になるときだから、

$$\frac{1}{2}\times\frac{1}{2}=\frac{1}{4}$$

の確率で、2つのサイコロの目の積は奇数となる。
よって、求める確率は

$$1-\frac{1}{4}=\frac{3}{4}$$

問題3…F $\frac{5}{33}$

❶1個目の確率を求める

最初は12個の球のうち、5個が赤球だから、1個目が赤球である確率は $\frac{5}{12}$

❷2個目の確率を求める

次に2個目の球を取り出すとき、赤球が1つ取り出された状態なので、11個の球のうち4個が赤球である状態になっている。
この中から1つを取り出すときに赤球である確率は $\frac{4}{11}$

❸連続なので2つの確率を掛ける

この2つの事象が連続で起きれば、取り出した2個の球が赤球であるので、

$$\frac{5}{12}\times\frac{4}{11}=\frac{5}{33}$$

問題4…E $\frac{10}{143}$

❶分母を求める

分母…14個(白球8個+黒球6個)から4個を取り出すので、

$$_{14}C_4=\frac{14\times13\times12\times11}{4\times3\times2\times1}$$
$$=1001$$

❷分子を求める

分子…指定された事柄(ここでは全部白球が出る)が起こりうる場合の数は、白球8個から4個を取り出すことになるので、

$$_8C_4=\frac{8\times7\times6\times5}{4\times3\times2\times1}=70$$

求める確率は、

$$\frac{_8C_4}{_{14}C_4}=\frac{70}{1001}=\frac{10}{143}$$

問題5 制限時間⏱1分30秒

10本のくじに4本の当たりが入っている。この中から2本を同時に引くとき、少なくとも1本は当たる確率はいくつですか。

A $\frac{3}{5}$ B $\frac{2}{5}$ C $\frac{5}{6}$ D $\frac{2}{3}$ E $\frac{1}{2}$ F $\frac{3}{4}$ G $\frac{1}{4}$ H $\frac{1}{3}$

問題6 制限時間⏱2分40秒

A、Bを含む8人からテーマパークの招待券を2人にあげるため、8本のうち当たりくじが2本入っているくじを引くことにした。引く順番は最初にAが、2番目にBが引くことにした。

(1)くじを順番に引き、引いたくじを戻さない場合、AとBがともに当たる確率はいくつですか。

A $\frac{1}{56}$ B $\frac{1}{28}$ C $\frac{1}{14}$ D $\frac{1}{4}$ E $\frac{3}{56}$ F $\frac{3}{28}$ G $\frac{3}{7}$ H $\frac{17}{56}$

(2)くじを順番に引き、引いたくじを戻さない場合、AかBどちらかが当たる確率はいくつですか。

A $\frac{1}{56}$ B $\frac{1}{14}$ C $\frac{3}{14}$ D $\frac{2}{7}$ E $\frac{5}{14}$ F $\frac{2}{5}$ G $\frac{3}{7}$ H $\frac{5}{7}$

問題7 制限時間⏱1分30秒

ある商店街の福引きは、1等が2本、2等が5本、3等が15本、4等が80本の合わせて102本であり、「はずれ」は入っていない。1番目にくじを引いた人が4等、2番目にくじを引いた人が1等のとき、3番目にくじを引く人と4番目にくじを引く人が2人とも1等か2等になる確率はいくつですか。

A $\frac{1}{270}$ B $\frac{1}{300}$ C $\frac{1}{310}$ D $\frac{1}{330}$ E $\frac{1}{350}$ F $\frac{1}{370}$

問題5…D $\frac{2}{3}$

●1本も当たりがない確率を1から引く

下図のように、（少なくとも1本は当たりがある）と（1本も当たりがない）という2つの事象が排反であるから、（1本も当たりがない）確率を求め、その確率を1から引いて答えを求める。

少なくとも1本は当たりがある	1本も当たりがない

10本のくじから2本を引く場合の数は、

$_{10}C_2 = \frac{10 \times 9}{2 \times 1} = 45$（通り）

1本も当たりがないくじの引き方は、はずれくじが6本あるので、

$_6C_2 = \frac{6 \times 5}{2 \times 1} = 15$（通り）

従って、1本も当たりがない確率は $\frac{15}{45} = \frac{1}{3}$

求める確率は $1 - \frac{1}{3} = \frac{2}{3}$

問題6（1）…B $\frac{1}{28}$

●Aが当たる確率とBが当たる確率を掛ける

1人目：Aが当たる確率 $\frac{2}{8}$

2人目：Bが当たる確率 $\frac{1}{7}$

よってAとBが連続して当たりを引く確率は $\frac{2}{8} \times \frac{1}{7} = \frac{2}{56} = \frac{1}{28}$

問題6（2）…G $\frac{3}{7}$

●AとBのどちらかが当たりを引くパターンを整理する

①1人目：Aが当たる確率 $\frac{2}{8}$

2人目：Bがはずれる確率 $\frac{6}{7}$

連続 $\frac{2}{8} \times \frac{6}{7} = \frac{3}{14}$

②1人目：Aがはずれる確率 $\frac{6}{8}$

2人目：Bが当たる確率 $\frac{2}{7}$

連続 $\frac{6}{8} \times \frac{2}{7} = \frac{3}{14}$

2つのパターン（①または②）で足し算

$\frac{3}{14} + \frac{3}{14} = \frac{6}{14} = \frac{3}{7}$

問題7…D $\frac{1}{330}$

●3番目と4番目の確率を掛けて求める

福引きは1等から4等まで全部で102本あり、1番目の人の4等と2番目の人の1等を除いて計算するので、

3番目の人が1等か2等の確率は $\frac{6}{100}$ となる。

同様に4番目の人が1等か2等の確率は $\frac{5}{99}$ となる。

よって求める確率は

$\frac{6}{100} \times \frac{5}{99} = \frac{1}{330}$

7 速さ

基本公式「は・じ・き」に数値を入れて計算する

距離＝速さ×時間
速さ＝距離÷時間
時間＝距離÷速さ

分かっていることと求めたいものを判断し、与えられた数値を公式に当てはめて計算する。単位に注意する。

例題1　　　　　　　　　　　　　　　　　制限時間⏱45秒

36kmの道のりを自転車で一定の速さで走ると1.2時間かかった。自転車の速さは毎分何mですか。

A 24m　B 54m　C 240m　D 300m　E 400m　F 500m

❶ 距離と時間から速さを求める

速さ＝距離÷時間　の公式を利用する。

❷ 単位を統一する

問題文で毎分何mかを求めるように指示があるので、
kmをmに、時間を分に、単位を統一する。

36km＝36000m、1.2時間＝72分だから、
36000m÷72分＝500m/分

例題2　　　　　　　　　　　　　　制限時間⏱45秒

3km離れた2地点から、Aは毎分78m、Bは毎分72mの速さで
同時に向かい合って出発した。2人が出会うのは何分後ですか。

A 20分後　　　B 21分後　　　C 22分後　　　D 23分後
E 24分後　　　F 25分後

❶ 距離と速さから時間を求める

時間＝距離÷速さ　の公式を利用する。

❷ 2人の速さを足す

離れた2地点から向かい合って出発ということは、2人の距離
は1分間に78＋72＝150m近づくことになる。速さは毎分
150mと考えればよい。

3km＝3000m　よって、
3000m÷150m/分＝20分となる。

答え

A

問題1
制限時間⏱30秒

84kmの道のりを、4時間で走行したときの時速は何kmですか。

A 17km/時　　B 19km/時　　C 21km/時　　D 23km/時

E 25km/時　　F 26km/時

問題2
制限時間⏱45秒

1800m離れた2つの地点から、太郎は毎分82m、花子は毎分68mの速さで同時に向かい合って出発した。2人が出会うのは何分後ですか。

A 10分後　　B 11分後　　C 12分後　　D 13分後

E 14分後　　F 15分後

問題3
制限時間⏱1分30秒

76kmの距離を、途中までは時速60kmのタクシーに乗り、その後、時速4kmで歩いたら全体で90分かかった。歩いた時間は何分ですか。

A 5分　　B 10分　　C 15分　　D 20分　　E 25分　　F 30分

問題4
制限時間⏱1分30秒

時速72kmで走っているA列車を、時速108kmで走っているB列車が追い抜くのに何秒かかりますか。ただし、A列車の長さは300m、B列車の長さは250mである。

A 55秒　　B 56秒　　C 57秒　　D 58秒　　E 59秒　　F 102秒

問題5
制限時間⏱1分30秒

A地からC地まで80kmの距離がある。ある人が車に乗ってA地を出発してから途中のB地まで毎時30kmの速さで走り、B地からC地までは毎時60kmの速さで走ると1時間30分かかる。B地はA地から何km離れたところにありますか。

A 2km　　B 4km　　C 6km　　D 8km　　E 10km　　F 12km

問題1…C 21km/時
❶基本公式で計算する
時速は、進んだ道のりを、時間で
割ればよい。
84km÷4時間＝21km/時

問題2…C 12分後
❶2人の速さを合計する
2人は向かい合って進むので、
1分間に82＋68＝150m近づ
くことになる。
❷基本公式で計算する
初めに1800m離れていたので、
出会うまでには
1800÷150＝12分かかる。

問題3…C 15分
❶連立方程式を作成する
バスに乗った距離をx(km)、歩
いた距離をy(km)とする。
$$90分＝\frac{90}{60}時間$$
$$＝\frac{3}{2}時間$$

x(km)の距離を時速60kmで進
むとかかる時間は$\frac{x}{60}$時間
y(km)の距離を時速4kmで歩く
とかかる時間は$\frac{y}{4}$時間となるの
で、
$$\begin{cases} x+y=76 & \cdots\cdots① \\ \dfrac{x}{60}+\dfrac{y}{4}=\dfrac{3}{2} & \cdots\cdots② \end{cases}$$
という連立方程式ができる。
❷連立方程式を解く
連立方程式を整理して解くと
$y=1$km
この距離を時速4kmで歩くので、

$$1÷4=\frac{1}{4}時間$$
$$60×\frac{1}{4}=15分$$

問題4…A 55秒
❶時速を秒速に変える
A列車
72km/時 → $\dfrac{72×1000}{60×60}$
        $=20$m/秒

B列車
108km/時 → $\dfrac{108×1000}{60×60}$
         $=30$m/秒

❷計算する
A列車とB列車の速さの差は上
記式より10m/秒
A列車とB列車の長さぶん300
＋250＝550mだけB列車は
10m/秒の差で走行しなければ
ならない。
よって 550÷10＝55秒

問題5…E 10km
A地からB地までの距離をx(km)
とすると、B地からC地までの距
離は$(80-x)$kmとなる。
$$\frac{x}{30}+\frac{80-x}{60}=1\frac{1}{2}$$
$$x=10km$$

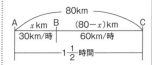

問題6　　　　　　　　　　　　　　　　制限時間⊙1分30秒

Pさんは野球場から家まで自転車で帰ろうとしたが、途中で自転車が故障したため、歩いて帰ることになった。このため1時間の予定が1時間45分かかってしまった。野球場から家までは20km、自転車の速さが歩く速さの4倍であるとすると、歩いた距離は何kmですか。

A 1km　B 2km　C 3km　D 4km　E 5km　F 6km

問題7　　　　　　　　　　　　　　　　　　制限時間⊙1分

静水時では時速8kmの船が、流速が1kmの川を3時間上った。このとき、船の進んだ距離は何kmですか。

A 16km　　　B 18km　　　C 19km　　　D 20km
E 21km　　　F 22km　　　G 24km

問題8　　　　　　　　　　　　　　　　　　制限時間⊙1分

静水時では時速10kmの船が、流速が時速2kmの川を2時間上った。この船がもとの地点まで下るのに要する時間は何時間何分ですか。

A 1時間10分　B 1時間20分　C 1時間30分　D 1時間40分
E 1時間50分　F 2時間　　　　G 2時間10分

問題9　　　　　　　　　　　　　　　　　　制限時間⊙1分

川の上流にあるX町と、下流にあるY町とは20km離れている。船でこの2地点を往復したところ、上りは5時間、下りは2時間かかった。この川の流速は時速何kmですか。

A 時速2km　　　B 時速3km　　　C 時速4km　　　D 時速4.2km
E 時速5km　　　F 時速6km　　　G 時速6.2km

問題6…E　5km

❶歩いた距離と自転車での距離を図にする

歩いた距離を$x$kmとする。

❷歩いた速さと自転車の速さを求める

歩く速さを時速y(km)とすると、自転車の速さは時速$4y$(km)となる。
予定通りに着いたとすると、
速さ×時間＝距離より、
$4y$×1時間＝20kmとなる。
よって、y＝5（歩いた速さ）。
これより$4y$＝20（自転車の速さ）となる。

❸歩いた距離を求める

図を式にしてxを求めればよい
（自転車の時間＋歩いた時間＝1時間45分）。

$$\frac{20-x}{20} + \frac{x}{5} = 1\frac{45}{60}$$

$$\frac{20-x+4x}{20} = \frac{105}{60}$$

$$\frac{20+3x}{20} = \frac{105}{60}$$

$$x = 5$$

よって5km

問題7…E　21km

❶上りの速さを計算する

時速1kmの川の流れに逆らって進んでいるので、船の進む速さは8－1＝7km/時となる。

❷距離を計算する

距離、速さ、時間の関係から
7×3＝21km

問題8…B　1時間20分

❶上りの距離を計算する

船の上りの速さは
10－2＝8km/時なので、
船の進んだ距離は
8×2＝16kmとなる。

❷下りの時間を計算する

船の下りの速さは
10＋2＝12km/時なので、
求める時間は

$$16 \div 12 = \frac{16}{12} = \frac{4}{3} =$$

$1\frac{1}{3}$時間＝1時間20分

問題9…B　時速3km

❶上り・下りの速さを計算する

船の上りの速さは
20÷5＝4km/時、
下りの速さは
20÷2＝10km/時となる。

❷川の流速を計算する

公式　（川の流れの速さ）＝{（下りの速さ）－（上りの速さ）}÷2を用いて考える。
上の公式に値を代入して
（10－4）÷2＝3km/時

8 速さ（時刻表）

> **ポイント** 基本公式を確認し、
> 時刻表から時間を読む
>
> ● 距離 ＝ 速さ×時間
>
> ● 速さ ＝ $\dfrac{距離}{時間}$
>
> ● 時間 ＝ $\dfrac{距離}{速さ}$
>
>
>
> 縦は÷（分数）、横は×（掛け算）。左下から『はじき』と覚える。

例題1　　　　　　　　　　　　　　　制限時間⏱1分40秒

長距離バスを利用してP地点からQ地点まで移動した。

P地点	発	13：00
↓		
Q地点	着	14：20

（1）P地点からQ地点までの距離は60kmある。バスの平均時速は何kmですか。

A 45km　　B 50km　　C 60km　　D 75km
E 80km　　F 85km

解き方のポイント

❶ 所要時間を計算する

時刻表の問題は、2地点の所要時間を引き算で求める。
P地点からQ地点までの所要時間は

$\left.\begin{array}{l}13:00 \\ \\ 14:20\end{array}\right\}$ 引き算を行ない、1時間20分であることが分かる。

❷ 時間の単位(分、秒)をそろえる

時速（1時間当たり）を求めるため、1時間20分を時間に直す。

1時間は60分だから20分を60で割る。

$$\frac{20}{60}=\frac{1}{3} \text{時間} \qquad \text{総時間} \quad 1\frac{1}{3} \text{時間} \rightarrow \frac{4}{3} \text{時間}$$

❸ 基本公式に入れ、速さを求める

速さ $=\dfrac{\text{距離}}{\text{時間}}$

$60km \div \dfrac{4}{3} \text{時間} = 60 \times \dfrac{3}{4} = 45km$

答え
A

---

(2) P地点からQ地点までの距離は60kmある。Q地点に14時
　　に到着するには、バスは平均時速は何kmで走ればよいですか。

A 60km	B 65km	C 70km	D 75km
E 80km	F 85km		

解き方のポイント

❶ 所要時間を計算する

14時に到着するための所要時間は1時間。

❷ 基本公式に入れ、速さを求める

基本公式　速さ $=\dfrac{\text{距離}}{\text{時間}}$ に入れて

答え
A

$60 \div 1 = 60km$

問題1　　　　　　　　　　　　　　　　　　制限時間⊙3分

車を使ってP地点からドライブに出かけた。Q地点で20分休憩した後、R地点に向かう途中で渋滞になり、14時35分に到着した。QR間の距離は45kmある。

P地点	発	11:40
Q地点	着	13:00
	発	13:20
	↓	
R地点	着	14:35

(1) PQ間を平均時速60kmで走った場合、PQ間の距離は何kmですか。

A 25km　　　B 30km　　　C 40km　　　D 55km
E 60km　　　F 75km　　　G 80km

(2) QR間を平均時速何kmで走ったことになりますか。

A 23km　　　B 36km　　　C 42km　　　D 48km
E 52.5km　　F 54km　　　G 55.5km

(3) QR間は渋滞により、上記(2)の速さで走ったが、もし平均時速60kmで走っていたら、何時に到着していましたか。

A 13時45分　B 13時55分　C 14時　　　D 14時05分
E 14時15分　F 14時55分　G 15時05分

問題1(1) … G　80km

❶ PQ間の時間を求める

P地点
発　11:40
　　　↓
Q地点
着　13:00

1時間20分 → 速さが時速(1時間単位)で表されているため、単位を統一して $1\frac{1}{3}$ 時間 → $\frac{4}{3}$ 時間

❷ 距離を求める

基本公式　距離＝速さ×時間 に数値を入れて計算する。

$60km（時速）× \frac{4}{3}時間＝80km$

問題1(2) … B　36km

❶ QR間の時間を求める

Q地点
発　13:20
　　　↓
R地点
着　14:35

1時間15分 → 時速を問われているため、単位を統一して $1\frac{1}{4}$ 時間 → $\frac{5}{4}$ 時間

❷ 速さを求める

基本公式　速さ＝$\frac{距離}{時間}$ に数値を入れて計算する。

$45km ÷ \frac{5}{4}＝45×\frac{4}{5}＝36km$

問題1(3) … D　14時05分

❶ QR間の時間を求める

QR間の距離は45kmあり、平均時速60kmで走った場合は

基本公式　時間＝$\frac{距離}{速さ}$ に入れて

$45÷60＝\frac{3}{4}時間 → 45分$

❷ 時刻を求める

13:20の45分後は14:05になる。

問題2

制限時間⏱3分

車を使ってS地点からV地点へドライブに出かけた。TとU地点で10分休憩した後、目的地Vに到着した。右の図はその地点ごとの時刻と距離を示している。

S地点	発	9:20
↓ 90km		
T地点	着	10:10
	発	10:20
↓ 130km		
U地点	着	12:15
	発	12:25
↓ 110km		
V地点	着	?

(1)SU間を平均時速何kmで走りましたか。ただし休憩時間は所要時間には入れないこととする。

A 50km　　B 55.5km　　C 60.5km　　D 70km
E 72.5km　　F 75km　　G 80km

(2)V地点に13時55分に到着できたとしたら、UV間を平均時速何kmで走ったことになりますか（必要であれば小数第2位を四捨五入すること）。

A 65km　　B 65.5km　　C 67.5km　　D 73.3km
E 75.5km　　F 78km　　G 80km

(3)SV間のすべての道のりを平均時速75kmで走るには、V地点には何時何分に到着すればよいですか。

A 13時04分　　B 13時25分　　C 14時　　　D 14時04分
E 14時15分　　F 14時55分　　G 15時

解答&解説

問題2(1) … G　80km

❶SU間の距離と時間を求める

SU間の距離は

90＋130＝220km

SU間の時間は

ST間　50分

TU間　1時間55分

合計　2時間45分→$2\frac{3}{4}$時間→$\frac{11}{4}$時間

❷速さを求める

基本公式　速さ＝$\frac{距離}{時間}$に数値を入れて解く。

$220÷\frac{11}{4}=220×\frac{4}{11}=80$km（時速）

問題2(2) … D　73.3km

❶UV間の時間を求める

V地点に13時55分に到着した場合のUV間の所要時間は

1時間30分（$\frac{3}{2}$時間）

❷速さを求める

基本公式から　速さ＝$\frac{距離}{時間}$に数値を入れて解く。

$110÷\frac{3}{2}=110×\frac{2}{3}=73.33…$（km）

問題2(3) … D　14時04分

❶SV間の距離を求める

90＋130＋110＝330km

❷SV間の時間を求める

距離330kmを平均時速75kmで走るときの総時間は

基本公式　時間＝$\frac{距離}{速さ}=\frac{330}{75}=4.4$時間→4時間24分

❸時刻を求める

上記(1)からSU間の所要時間は2時間45分なので、Uを出発してV地点まで4時間24分－2時間45分＝1時間39分で着けばよい。

よって、求める時刻は12時25分に1時間39分を加えて14時04分になる。

9 記号

 数式中の n に数値を入れて、
素早く計算する

● **問題文をきちんと把握する**

● **与えられた数値の意味を理解する**

● **代入する数値の間違いに
気をつける**

例題1　　　　　　　　　　　　　　　　制限時間⏱1分30秒

ある飲食店では、採用からn年後のアルバイトの時給$k(n)$を、
次の式のように計算している。

$k(n) = k(n-1) + 30n + 50$ 　$(n > 0)$

採用時$n = 0$のとき　$k(0) = a$として計算する
（a＝採用時の時給）。

採用時の時給が1000円のとき、2年後の時給はいくらですか。

A 960円	B 1010円	C 1090円
D 1190円	E 1250円	F 1300円

解き方のポイント

❶ 問題を整理する

$k(n)=k(n-1)+30n+50$ の計算式から、n に勤務年数2 または3などの数値を代入して時給 $k(n)$ を算出する。

①$(n>0)$ は計算式上、年数 n は0より大きい数値が 代入される。

②採用時 $n=0$ のとき　$k(0)=a$

　a は採用時の時給。本問は $a=1000$ 円

❷ 計算式中の $(n-1)$ 年は、n 年の前の年のことを表す

上記をもとに $n=0$(採用時)から $n=1$(1年目)、$n=2$(2年目)の順に計算する。

> 計算式中の $n-1$ は前の年になるから採用時からたどって計算する。

①採用時　$k(0)=1000$ 円

②1年後　n に1を代入して
$$k(1)=k(1-1)+30×1+50$$
$$k(1)=k(0)+30×1+50$$
①の $k(0)=1000$ 円より、
$$k(1)=1000+30+50=1080$$ 円

③2年後　n に2を代入して
$$k(2)=k(2-1)+30×2+50$$
$$k(2)=k(1)+60+50$$
②の $k(1)=1080$ 円より、
$$k(2)=1080+60+50=1190$$ 円

> いきなり計算式に $n=2$ を代入しても計算が詰まってしまう。

答え
D

問題1
制限時間 ⏱ 1分30秒

次の関係式で表される演算 k について、$k(2)$ の値を求めなさい。

$k(n)=2k(n-1)+10n$ 　　 $k(0)=10$

A 20　　B 21　　C 23　　D 52　　E 56
F 60　　G 66　　H 70　　I 76　　J 80

問題2
制限時間 ⏱ 1分30秒

あるコンビニエンスストアでは採用から n 年後の学生アルバイトの時給 $k(n)$ を、次の式のように計算している。

$k(n)=k(n-1)+10n+80$ 　 $(n>0)$

採用時 $n=0$ のとき　$k(0)=a$ として計算する。

（a＝採用時の時給）

採用時の時給が1000円のとき、2年後の時給はいくらですか。

A 1190円　　B 1280円　　C 1290円　　D 1390円
E 1410円　　F 1450円　　G 1560円　　H 1660円

問題3
制限時間 ⏱ 1分40秒

下記の計算式はマウスの繁殖を示したものである。

$f(n)$ は n 年後の個体数である。

$f(n)=3f(n-1)-f(n-3)$

ただし、$f(-1)$、$f(-2)$ など、$n<0$ のときは $f(n)=0$ とする。

最初の個体数が2匹の場合、3年後の個体数はいくつですか。

A 20匹　　B 52匹　　C 60匹　　D 88匹　　E 96匹　　F 98匹

問題4
制限時間 ⏱ 2分

マウスの繁殖のデータを下記のような計算式にした。

$f(n)$ は、n 年後の個体数である。

$f(n)=3f(n-1)-f(n-3)$

ただし、$f(-1)$、$f(-2)$ など、$n<0$ のときは $f(n)=0$ とする。3年後の個体数が416匹の場合、最初の個体数はいくつですか。

A 12匹　　B 16匹　　C 18匹　　D 22匹　　E 52匹　　F 66匹

問題1…J 80

❶ n に数値を入れて計算する
$k(2)$ を求めるので、$n=2$ として
計算していく。
$k(2)=2k(2-1)+10×2$
$\quad\quad =2k(1)+20$ ……①
次に $k(2)$ を求めるために、
上記 $k(1)$ を求める。
$k(1)=2k(1-1)+10×1$
$\quad\quad =2k(0)+10$ ……②
問題より $k(0)=10$ なので、
これを②に代入し、
$k(1)=2×10+10=30$
さらにこれを①に代入し、
$k(2)=2×30+20=80$

問題2…A 1190円

(1) 採用時
$k(0)=1000$
(2) 1年後
$k(1)=k(1-1)+10×1+80$
$\quad\quad\quad \llcorner k(0)=1000$ より
$k(1)=1000+10+80$
$\quad\quad =1090$ 円
(3) 2年後
$k(2)=k(2-1)+10×2+80$
$\quad\quad\quad \llcorner k(1)=1090$ より
$k(2)=1090+20+80$
$\quad\quad =1190$ 円

問題3…B 52匹
はじめの個体数 $f(0)$ は2なので
$f(0)=2$ ……①
1年後は n を1として
$f(1)=3f(1-1)-f(1-3)$
$f(1)=3f(0)-f(-2)$ となり、
$f(-2)$ は0として計算する。
従って $f(1)=3f(0)-0$ になる。

また、①を代入して、
$f(1)=3×2-0$
計算結果 $f(1)=6$ ……②
2年後は n を2として
$f(2)=3f(2-1)-f(2-3)$
$f(2)=3f(1)-f(-1)$ となり、
$f(-1)$ は0として計算する。
従って $f(2)=3f(1)-0$ になる。
②を代入して、$f(2)=3×6$
計算結果 $f(2)=18$ ……③
3年後は n を3として
$f(3)=3f(3-1)-f(3-3)$
$f(3)=3f(2)-f(0)$ となり、
③、①を代入して
$f(3)=3×18-2$
計算結果 $f(3)=52$
よって3年後の個体数は52匹。

問題4…B 16匹

❶ $f(3)$ から $f(0)$ を逆算する
与式より $f(1)$、$f(2)$ を求める。
$f(1)=3f(1-1)-f(1-3)$
問題文より $f(-2)$ は0なので
$f(1)=3f(0)$ ……①
$f(2)=3f(2-1)-f(2-3)$
問題文より $f(-1)$ は0なので
$f(2)=3f(1)$ ……②
3年後は、$f(3)=3f(3-1)$
$-f(3-3)=3f(2)-f(0)$
②を代入する。
$f(3)=3×3f(1)-f(0)$
$\quad\quad =9×3f(0)-f(0)$
$\quad\quad =27f(0)-f(0)$
$\quad\quad =26f(0)$
これが416なので、
$26f(0)=416$
$\quad f(0)=16$

問題5

制限時間⊙45秒

ボールを初速度(v_0)40m/sで地上から真上に投げ上げたとき、3秒後には地上から何mの位置にありますか。次の公式を利用して求めなさい。なお、空気抵抗は無視する。

$$h（高さ：m）= v_0 t - \frac{1}{2} g t^2$$

t＝投げ上げ後の経過時間（秒）、g＝重力加速度
なお、重力加速度は10m/s²とする。

A 20m　　B 40m　　C 60m　　D 75m
E 80m　　F 95m　　G 120m

問題6

制限時間⊙45秒

初速度v_0(m/s)で真上に投げ上げた物体のt秒後の速度v(m/s)と地上からの高さh(m)の関係は次の式で表される。なお、重力加速度はg＝10(m/s²)とし、空気抵抗は無視する。

$$v = v_0 - g t \qquad h = v_0 t - \frac{1}{2} g t^2$$

物体を初速度30m/sで真上に投げ上げたとき、最高到達点は何mですか。

A 30m　　B 35m　　C 40m　　D 45m
E 50m　　F 55m　　G 60m　　H 75m

問題7

制限時間⊙1分

ボールを初速度(v_0)20m/sで地上から真上に投げ上げた。投げ上げてから何秒後に地上に落ちてくるか、次の公式を利用して求めなさい。なお、空気抵抗は無視する。

$$h（高さ：m）= v_0 t - \frac{1}{2} g t^2$$

t＝投げ上げ後の経過時間（秒）、g＝重力加速度
なお、重力加速度は10m/s²とする。

A 2秒後　　B 3秒後　　C 4秒後　　D 5秒後
E 6秒後　　F 7秒後　　G 8秒後　　H 9秒後

物体の投げ上げ問題は難しいと思われがちだが、SPIでは公式が与えられるので、その公式に問題文の数値を代入すれば記号問題と同様に簡単に解ける。

問題5 … D　75m
❶ 公式に数値を入れて計算する
$h = v_0 t - \dfrac{1}{2} g t^2$ の公式に $v_0 = 40$、$t = 3$、$g = 10$ を

代入して h（高さ：m）を求める。

$h = 40 \times 3 - \dfrac{1}{2} \times 10 \times 3^2 = 75\text{m}$

問題6 … D　45m
❶ t（時間）を求める
最高到達点（高さ：h）を求めるために、$h = v_0 t - \dfrac{1}{2} g t^2$ の公式を利用する。問題より、$v_0 = 30$、$g = 10$ が分かるが、t（時間）が分からないので、まずは t を求める。

最高到達点は速さ0だから、$v = v_0 - g t$ より

$0 = 30 - 10t$

$t = 3$

❷ 高さの公式に数値を入れる
高さを求める公式に代入すると

$h = 30 \times 3 - \dfrac{1}{2} \times 10 \times 3^2 = 45\text{m}$

問題7 … C　4秒後
❶ 高さをゼロとして t（時間）を求める
「地上に落ちる」とは、ボールが地面に当たる状態、すなわち高さ0mであるので、$h = v_0 t - \dfrac{1}{2} g t^2$ の公式に高さ $h = 0$、$v_0 = 20$、$g = 10$ を代入して t（時間）を求める。

$0 = 20t - \dfrac{1}{2} \times 10 \times t^2$

$0 = 20t - 5t^2$

$5t(t - 4) = 0$

$t = 0$ または 4

0秒後か4秒後となるが、0秒後は投げ上げる瞬間なので、答えは4秒後となる。

10 推理（位置）

 問題文を記号などに置き換える

● 条件から確実な事項をまとめて記号化する

ア　靴店　居酒屋
イ　クリーニング店 ←───→ 雑貨店
ウ　床屋 → C

例題1　　　　　　　　　　　　　　　　　　　制限時間⏱1分40秒

ある商店街の1区画内に、靴店・床屋・クリーニング店・玩具店・居酒屋・雑貨店の6軒があり、図Aのように並んでいる。以下の条件のとき、確実にいえるのは1〜5のうちどれですか。

〔条件〕

ア　靴店と居酒屋は地図上の横並びにある
イ　クリーニング店は雑貨店の裏である
ウ　床屋はCの位置である

1　Aにはクリーニング店が入る
2　Bには玩具店が入る
3　Dにはクリーニング店か雑貨店が入る
4　Eには居酒屋が入る
5　Fには靴店が入る

（図A）

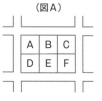

A	B	C
D	E	F

A 1のみ	B 2のみ	C 3のみ	D 4のみ	E 5のみ
F 1と3	G 2と3	H 1と5	I 3と5	J 4と5

解き方のポイント

❶ 問題文を整理する

問題文から分かっていることを図に書き
込んで考える。

①床屋はCの位置である（図B）
②靴店と居酒屋は横並びにある

上の段だとするとAとB、下の段であれ
ばDとE、またはEとFのどれかになる。
しかし、

③クリーニング店は雑貨店の裏である
から、A、Dにクリーニング店と雑貨店
が入る（図C、どちらがA、Dかは不明）。

E、Fに靴店と居酒屋が入ることが分かる
（図D、どちらがE、Fかは不明）。した
がって、残る場所はBのみとなり、<u>玩具
店はBの場所であることが分かる</u>。

❷ 選択肢から確実にいえることを探す

1　Aにはクリーニング店が入る
　　　⇒ クリーニング店または雑貨店

2　Bには玩具店が入る
　　　⇒ 正しい

3　Dにはクリーニング店か雑貨店が入る
　　　⇒ 正しい

4　Eには居酒屋が入る
　　　⇒ 靴店または居酒屋が入る

5　Fには靴店が入る
　　　⇒ 靴店または居酒屋が入る

選択肢から「確実
にいえる」が複数
の可能性があり、
注意する。

答え

問題1

制限時間⏱1分20秒

下記の図Eのようなア〜ケの9つの区画がある。すでに3つの区画には家が建っている。ある人が次のいずれかの区画に家を建てる計画をしている。ただし、次の区画に家を建てると前後、左右、斜めのどれかで接することになる。

・イの区画に家を建てると2軒と接する
・ウの区画に家を建てると2軒と接する
・エの区画に家を建てると1軒と接する

すでに家が建っている区画はどこですか。

(図E)

ア	イ	ウ
エ	オ	カ
キ	ク	ケ

A ア、カ、ケ　B ア、カ、ク　C ア、オ、ケ　D オ、カ、ク
E オ、カ、ケ　F オ、カ、キ

問題2

制限時間⏱1分

下記の図Fのようなaからeの5つの区画があり、それぞれO、P、Q、R、Sの5人が所有している。次のア〜ウのことが分かっているとき、aの区画は誰の所有ですか。

ア　Oの区画はSとは接しているがQとは接していない
イ　Pの区画はRとSの2つに接している区画である
ウ　QとRの区画は接していない

(図F)

		c
a	b	d
		e

A S所有　　　B P所有　　　C R所有　　　D Q所有
E O所有　　　F RまたはS所有　　　G どれも該当しない

問題1…E　オ、カ、ケ

❶条件を整理する

問題文から、すでに3つの区画に家が建っており、かつ「イ、ウ、エの区画に家を建てると」となっているので、イ、ウ、エの3カ所はまだ空いていることになる。

❷ウ区画（2軒と接する）

ウの区画と接する2軒は、イは条件から除外なので、オ、カの2カ所に決まる。

ア	イ	ウ
エ	オ	カ
キ	ク	ケ

❸イ区画（2軒と接する）

イの区画と接する2軒はア、ウ（条件から除外）、エ（条件から除外）、オ、カのうち2カ所となる。よって、❶❷からオ、カの2カ所に決まる。

ア	イ	ウ
エ	オ	カ
キ	ク	ケ

❹エ区画（1軒と接する）

エの区画と接する1軒はア、イ（条件から除外）、オ、ク、キのいずれかになる。

❷からオと決まる。残りの1区画はエが接していないところであり、ケと決まる。

ア	イ	ウ
エ	オ	カ
キ	ク	ケ

よって、すでに家が建っている区画はオ、カ、ケとなる。

問題2…D　Q所有

❶それぞれの区画の接している数を考える

a 1カ所	b 4カ所	c 2カ所
		d 3カ所
		e 2カ所

❷条件を整理する

条件アより　　O→S、O⇸Q

条件イより

Pの区画は2つに接しているから、cまたはeであり、bとdはRまたはSになる。

R または S	P	Pはどちらかに入る
	RまたはS	
	P	

条件ウより

QとRの区画は接していないから、Rはdと確定し（b区画はすべてに接している）、bがSであることも確定する。

また、aはQと分かる。残るOはcまたはeに入り、条件アとも合致する。

Q	S	Oまたは P
		R
		Oまたは P

ある学習塾で、先生と生徒A〜Hの8人が向かい合って座っているとき、6人の生徒が各生徒の位置について①〜⑥のように話した。これらから確実にいえることとして、正しいものはどれですか。なお、話は順不同である。

（図）

	先生		
ア	イ	ウ	エ
オ	カ	キ	ク

① BとCの間に2人いる
② DはHの左隣である
③ Hの斜め後ろにはFがいる
④ CはGのすぐ後ろにいる
⑤ AとGは隣同士である
⑥ FはAの斜め後ろにいる

A　クはEである　　　B　クはFである　　　C　カはEである
D　イはHである　　　E　カはDである　　　F　アはAである
G　エはGである

O〜Tの6人で写真を撮った。以下のことが分かっているとき、撮影者から見て、Tの右隣は誰ですか。

〔条件〕
ア　前列・後列3人ずつで撮影した
イ　前列中央はOである
ウ　PとQはお互い前後の位置にいた
エ　Sは前列であった
オ　Tは後列であった
カ　撮影者から見て、Rの右隣にはQがいた

A P　　　B R　　　C O　　　D Q　　　E S

問題3…C カはEである

❶ 条件を整理する

条件①と④より、BとCは後列となり次の2通りが考えられる。

パターンI

			G
B			C

パターンII

G			
C			B

❷ 上の両図に条件③⑤⑥を順に記入する

パターンI

H		A	G
B		F	C

パターンII

G	A	D	H
C	E	F	B

条件②よりDはHの左隣なのでパターンIは不合理となり、パターンIIのようにD、Eの位置が決まる。

問題4…B R

❶ 図と対応表を書いて考える

左側	中央	右側	
a	b	c	後列
d	O	e	前列

↑
撮影者

❷ 条件に基づいて、確定しているO以外を対応表に書き入れる

		位置			
		a	b	c	d	e
人物	P	○	×ウから	○	○	○
	Q	×カから	×ウから	○	×カから	×カから
	R	○	○	×カから	×カから	×カから
	S	×エから	×エから	×エから	○	○
	T	○	○	○	×オから	×オから

この時点で、Qは、cに入ることが決定する。また、Rの右隣がQであることから、Rの位置もbと分かり、さらに、PがQの前列も確定する。

残るa・dにはそれぞれ前列・後列の条件から、aにT、dにSが入ると分かる。Tの右隣はRであると分かる。

左側	中央	右側	
T	R	Q	後列
S	O	P	前列

11 推理（順序）

 **与えられた情報から順序を
図にまとめる**

◉**不等式（または→）で図にする**
　C＞D＞A＞B
　C→D→A→B

◉**隣接はまとめマークをする**
　C＞D＞A＞B

上記を参考に自分の記号で図にする。

例題1　　　　　　　　　　　　　　　制限時間⏱1分30秒

次の会話は、中学校の運動会におけるa、b、c、d、eの5人の
100m走の結果についてのものです。この会話から、順位の良
かった順に並べなさい。

ア　「bは、dよりもずいぶん速かった」
イ　「eはcよりも速かったが、1位ではなかった」
ウ　「dは3位だった」
エ　「cはaよりも速かった」

A　e・b・c・d・a　　　　　　　B　e・b・d・a・c
C　b・e・d・c・a　　　　　　　D　b・e・c・a・d
E　c・b・d・e・a　　　　　　　F　b・c・d・a・e

解き方のポイント

❶ 問題文の情報から記号などを使って図にする

推理の問題のポイントは、問題から表、図を作成すること。
この問題では5人の順位が問われているので、これを図にしてみる。
一度に順位を決めようとすると大変なので、分かるところから決めていく。
まず、条件ウからdが3位だと分かる。
次に、条件アからbの方がdより順位が良かったことが分かる。

条件イからeはcより順位が良かったことが分かる。

| e | > | c |

> b、dとの関係が不明なので、別にしておく。

条件エからcはaより順位が良かったことが分かる。

| e | > | c | > | a |

❷ 共通の人物から1つにまとめる

最初の図から、bは1位か2位ということが分かる。また順位が分かっているe＞c＞aは、この3人の中ではeが一番順位が良かったので、eも1位か2位と考えられるが、条件イにeは1位ではなかったとあるのでbが1位、eが2位と分かる。
よって、順位は以下のようになる。

答え

C

問題1

制限時間 ⊙ 1分20秒

A～Fの6人は、縦一列に並び全員が同じ方向を向いている。このことについてA～Fのうち4人が次のように発言している。

A 「私の前には3人いる」
C 「私はDより前にいる」
D 「私とFの間には3人いる」
E 「私の1人おいて前にはAがいる」

以上のことから確実にいえるのは次のうちのどれですか。

　A Aのすぐ前にはBがいる　　B CとDの間には2人いる
　C AはCより後ろにいる　　　D BはFより前にいる
　E 前から2番目はCである　　F 一番後ろはDである

問題2

制限時間 ⊙ 1分30秒

5人がある数学の問題を解くスピードを競ったところ、一番最初に解けた者と一番最後に解けた者の所要時間の差は19分あった。また、最初と2番目の差は2分、2番目と3番目の差は6分であり、3番目の所要時間は5人の平均所要時間と同じであった。このとき、3番目と4番目の差は何分ですか。

　A 1分　　　　B 2分　　　　C 3分　　　　D 4分
　E 5分　　　　F 6分　　　　G 7分

問題1…C　AはCより後ろにいる

❶ 問題文を整理する

Aの発言：(前) ○ ○ ○ A 　 (後)
Cの発言：(前) 　 C ← D 　 (後)
Dの発言：(前) F ○ ○ ○ D (後)
　 または(前) D ○ ○ ○ F (後)
Eの発言：(前) A ○ E 　 (後)

A・Eの発言から1が決まる。
C・Dの発言から2が決まる。

(先頭)					(最後)
1	○	○	○	A	○	E
2	F	?	?	A	D	E

?はBまたはCで未確定

❷ 選択肢から正解を探す

A　Aのすぐ前にはBがいる　⇒Bまたは C
B　CとDの間には2人いる　⇒1人または2人
C　AはCより後ろにいる　⇒正解
D　BはFより前にいる　⇒後ろ
E　前から2番目はCである　⇒Bまたは C
F　一番後ろはDである　⇒E

問題2…C　3分

❶ 平均所要時間を0とし、そこからの時間差を±で表していく

①3番が平均で±0
②2番は−6と分かる
③最初と2番の差は2分から最初は−8が分かる
④一番最初に解けた者と一番最後に解けた者の所要時間の差は19分
　から、5番は+11と決まる

❷ 4番の時間を計算する

相対値の総和は0でなければならないから、4番目の位置を x とすると、
$(-8)+(-6)+x+11=0$
よって、
$x=3$

```
         |———— 19分 ————|
   −8  −6   0   +3   +11
  (最初)    3番      (最後)
```

問題3

A～Gの7人は障害物競走に参加した。以下のことが分かっているとき、正しいものはどれですか。

①FはGよりも遅く、Aよりも速かった

②CはDよりも遅く、Bよりも速かった

③レース終了後違反が分かり、失格者は順位を3つ落とし最下位になった

④最終的に1位がG、4位がC、6位がEだった

A 失格者はAである　　B 失格者はDである　　C Aは3位である

D 2位はAかFである　　E 5位はBである

問題4

A～Fの6人が水泳の400m自由形に出場した。経過と結果について以下のことが分かっているとき、Aの順位は何位ですか。

ア　50mのところでは、Fは1位、Aは2位であった

イ　150mのところでは、6人がすべて50mのところまでの順位と1つだけ順位が変わった

ウ　250mのところでは、CとFを除く4人の順位は、150mのところまでの順位とすべて2つずつ順位が変わったが、C、Fの順位は変わらなかった

エ　350mのところでは、6人がすべて250mのところまでの順位と1つだけ順位が変わった

オ　ゴール時には、C、Fの順位は350mのところと同じであったが、残り4人の順位は2つずつ順位が変わった

A 5位　　　B 4位　　　C 3位　　　D 2位　　　E 1位

問題5

あるサッカーチームで 1000m走のタイムを計った。Aは平均より12秒速く、BはCより6秒遅く、Eより4秒速かった。また、DはCより14秒遅く、AはEより18秒速かった。以上のことより、確実にいえるのは次のうちどれですか。

A CはAより速かった

B 平均タイムより速かったのはA、B、Cである

C Dは平均タイムより10秒遅い

D Bはちょうどクラスの平均タイムと同じだった

E 5人中、最も速かったのはAで最も遅かったのはEである

解答&解説

問題3…E 5位はBである

❶条件を整理する

条件①より　G>F>A

②より　D>C>B

③より　失格者は当初4位だった。また、当初5位以下の者は1つずつ順位を上げた。

❷推測する

以上と④より失格者(当初4位)はAかDと分かる。確認のため、与えられた条件だけではAとDの順序が不明なので2通りの表を作成する。

Aが失格のとき(Aが当初4位)

	1	2	3	4	5	6	7
当初	G	DかF	DかF	A	C	B	E
最終	G	DかF	DかF	C	B	E	A

Dが失格のとき(Dが当初4位)

	1	2	3	4	5	6	7
当初	G	F	A	D	C	B	E
最終	G	F	A	C	B	E	D

問題4…D 2位

❶各地点での順位を表にする

ア～オの条件が距離ごとの状況を示しているので、距離ごとの順位を示すと以下のようになる。ただし、③、④、⑤、⑥はそれぞれ50mの時点での3～6位までの選手を表す。

	1位	2位	3位	4位	5位	6位
50m地点	F	A	③	④	⑤	⑥
150m地点	A	F	④	③	⑥	⑤
250m地点	④	A	F	③	⑤	C
350m地点	F	④	⑤	A	③	C
ゴール	F	A	③	④	⑤	C

以上より、Aは2位となる。

問題5…C Dは平均タイムより10秒遅い

❶数直線に記入する

平均タイムを基準として、以下の条件を数直線に記入する。

①Aは平均よりも12秒速かった

②AはEより18秒速かった

③BはEより4秒速かった

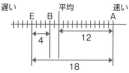

次に、以下の2つの条件を数直線に記入する。

④BはCよりも6秒遅かった

⑤DはCよりも14秒遅かった

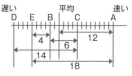

12 推理（論理）

 数値を計算して発言の正誤を導く

- ◉ **確実にいえる → すべてのケースにおいて正しい**
- ◉ **明らかに誤り → すべてのケースにおいて誤り**
- ◉ **必ずしも正しくはない → すべてのケースにおいて正しくはない（どれか誤ったケースがある）**
- ◉ **必ずしも誤りではない → すべてのケースにおいて誤りではない（どれか正しいケースがある）**
- ◉ **どちらともいえない → 与えられた資料・数値からは判断ができない**

例題1　　　　　　　　　　　　　　　　　制限時間⏱1分40秒

次の説明を読んで、問いに答えなさい。

P、Q、Rの3人が体力測定のテストを受けた。テストは50点満点で、PとQの2人の平均点は36点、またP、Q、R3人の平均点は38点であった。次の推論ア、イの正誤を考え、A〜Iの中から正しいものを1つ選びなさい。

ア　Rの得点は43点であった
イ　25点以下の人はいなかった

> A アもイも正しい
> B アは正しいが、イはどちらとも決まらない
> C アは正しいが、イは誤り
> D アはどちらとも決まらないが、イは正しい
> E アはどちらとも決まらないが、イは誤り
> F アは誤りだが、イは正しい
> G アは誤りだが、イはどちらとも決まらない
> H アもイもどちらとも決まらない
> I アもイも誤り

解き方のポイント

手順を確認

① 「説明」から得られる情報（事実）を整理する
② 推論を1つずつ検証していく
③ 視点を変えていく。別の見方がないかを検討する

❶ ア、イの推論を順に検討する

ア　P、Qの平均点が36点だったので、

　　Pの得点＋Qの得点＝36×2＝72点である。

　　P、Q、Rの平均点は38点だったので、

　　Pの得点＋Qの得点＋Rの得点＝38×3＝114点である。これより、Rの得点を求めると、

　　　114点－72点＝42点

　　よって、アは誤りである。

イ　アより、Rが42（>25）点であることは分かっている。

　　Pの得点＋Qの得点＝36×2＝72点より、仮にPの得点が50点であったとすると、Qの得点は、

　　72点－50点＝22点　の可能性がある。よって、「25点以下の人はいなかった」という条件に反する。

　　Pの得点が45点の場合、Qの得点は27点となり、「25点以下の人はいなかった」という条件に合致する。

このように、条件内の仮定を変えることによって、推論が正しくなったり誤りになったりするので、イはどちらとも決まらないといえる。

答え

G

次の説明を読んで、あとの問いに答えなさい。

問題1　　　　　　　　　　　　　　　　　　　制限時間 ⊙ 2分

ある国には20の州がある。この20の州全体の人口密度は、最近10年間に1.42倍になった。人口密度は、人口÷面積で求め、単位は人/km²である。また、この20州は、最近10年間の合併などによる面積の増減はなかった。

次の推論ア、イの正誤を考え、A～Iの中から正しいものを1つ選びなさい。

ア　この国の20州合計の人口は、10年前に比べて1.42倍に増加している

イ　20州のうち、最近10年間に人口が減少した州はなかった

A アもイも正しい
B アは正しいが、イはどちらとも決まらない
C アは正しいが、イは誤り
D アはどちらとも決まらないが、イは正しい
E アはどちらとも決まらないが、イは誤り
F アは誤りだが、イは正しい
G アは誤りだが、イはどちらとも決まらない
H アもイもどちらとも決まらない
I アもイも誤り

問題2　　　　　　　　　　　　　　　　　　制限時間 ⊙ 1分30秒

テーブルの上にイチゴ、メロン、オレンジが置いてあり、ア～オの5人が次のように発言している。このうち1人がウソを言っているが、それは誰ですか。

ア　「イチゴとメロンは合わせて9個ある」

イ　「メロンは4個しかない」

ウ 「イチゴとメロンとオレンジは全部で12個」

エ 「オレンジは4個しかない」

オ 「メロンとオレンジを合わせると7個」

A ア　　　　B イ　　　　C ウ　　　　D エ　　　　E オ

解答&解説

問題1…B　アは正しいが、イはどちらとも決まらない

❶ア、イを順に検証していく

ア　人口は、次の式で求めることができる。
　　人口密度×面積＝人口
　　つまり、面積が一定のとき、人口密度と人口は比例する。以上のことから考えると、20州全体の人口密度は最近10年間で1.42倍になったので、人口も10年間で1.42倍になる。

よって、アは正しい。

イ　10年間で20州全体の人口密度は1.42倍になったが、個々の州の人口については、その増減が記されていないので分からない。したがって、「20州のうち、最近10年間に人口が減少した州はなかった」かどうかは分からない。1.42倍以上増加した州もあれば、1.42倍以下の増加にとどまった州もあることが考えられる。また、理論上はすべての州が1.42倍ずつ増加した可能性もある。

よって、イはどちらとも決まらない。

問題2…D　エ

	イチゴ	メロン	オレンジ	合計
ア	9			
イ		4		
ウ				12
エ			4	
オ		7		

全員が本当のことを言っているとして、表にする。表よりメロン(4)＋オレンジ(4)＝8、オの合計7と矛盾し、イ、エ、オの誰かがウソを言っていることが分かる。

①イがウソをついているとすると、メロンは3個となるが、イチゴが6個となるため、合計が13個となり不適当。

②エがウソをついているとすると、オレンジは3個となり、合計も12個となる。

③オがウソをついているとすると、メロンとオレンジは合わせて8個となる。このときイチゴは5個であるから、合計13個となり不適当。

よって、エがウソをついている。

問題3   制限時間⏱1分40秒

問題1と同じ条件で次の推論ウ、エの正誤を考え、A～Iの中から正しいものを1つ選びなさい。

ウ　20州のうち、最近10年間に人口が1.42倍を超えて増加した州は、10州ある

エ　20州の合計人口は5年ごとに10%ずつの割合で増加した

　　A　ウもエも正しい
　　B　ウは正しいが、エはどちらとも決まらない
　　C　ウは正しいが、エは誤り
　　D　ウはどちらとも決まらないが、エは正しい
　　E　ウはどちらとも決まらないが、エは誤り
　　F　ウは誤りだが、エは正しい
　　G　ウは誤りだが、エはどちらとも決まらない
　　H　ウもエもどちらとも決まらない
　　I　ウもエも誤り

問題4   制限時間⏱1分20秒

箱の中に何種類かの色紙が入っている。これについて以下の発言があった。

① 赤と青と黄色の色紙が入っていた
② 赤色は20枚、黄色は15枚入っていた
③ 少なくとも2種類以上の色紙が入っていた

次の推論ア、イ、ウのうち正しいのはどれか。

ア　③が正しければ、①も必ず正しい
イ　②が正しければ、①も必ず正しい
ウ　②が正しければ、③も必ず正しい

　　A　アだけ　　　B　イだけ　　　C　ウだけ　　　D　アとイ
　　E　アとウ　　　F　イとウ　　　G　アイウのすべて

問題3…E　ウはどちらとも決まらないが、エは誤り

❶ウ、エを順に検証していく

ウ　20州の面積は10年間増減がないので、人口密度が1.42倍になったことから、20州の合計人口も1.42倍になったことが分かる。

　　しかし、個々の州の人口は不明なので、10年前の人口と比較して、1.42倍を超えて増加した州が何州あるかは分からない。10州の可能性もあれば、それよりも多い、または少ない可能性もある。

よって、ウはどちらとも決まらない。

エ　20州の人口が、この10年で1.42倍になったことは前述の通りである。では、「5年ごとに10%ずつの割合で増加した」と言えるだろうか。

　　仮に、10年前の20州の合計人口を100万人とする。この仮説では、5年後に10%人口が増加しているので、5年後の人口は、

100万人×1.1

=110万人

となる。

さらに5年経過すると、110万人より10%増加するので、

110万人×1.1

=121万人

となる。

以上のことから、「5年ごとに10%ずつの割合で増加した」という仮説に基づいて計算すると、10年後には1.21倍の人口になっていることが分かる。しかし、実際の増加は1.42倍なので、エは誤りである。

問題4…C　ウだけ

❶①、②、③を順に検証していく

①の内容

赤と青と黄色の色紙が入っている→その枚数は不明。

②の内容

赤色は20枚、黄色は15枚入っている→青色が入っているかは不明。

③の内容

少なくとも2種類以上の色紙が入っている→その色・枚数は不明。

どの内容にも不明な点があり、選択肢ごとにさらに詳しく判断していく。アは色が不明なため必ずしも正しくない。イは青色が入っているかは不明で必ずしも正しくない。ウは赤・黄色の色紙が入っていれば、少なくとも2種類が入っており必ず正しい。

13 推理（命題）

> **ポイント！ 命題の対偶を求め、三段論法を活用する**
>
> ● **対偶（$\overline{Y} \to \overline{X}$）**
> 「XならばYである」が真のとき、
> その対偶「YでなければXではない」は真
>
> ● **三段論法（X→Y→Z）**
> 「XならばY」「YならばZ」が真のとき、
> 三段論法によって「XならばZ」は真
>
> ※ ‾（バー）は否定を表す

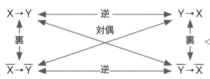

この場合、「命題」に対して「逆」と「裏」は必ずしも正しいとはいえないが、「対偶」は必ず正しい。

例題1 制限時間 ⏱ 1分40秒

次のことが成り立つとき、論理的に正しいものは次のA〜Eのうちどれですか。

運動が好きならば、腕力がある

- A 腕力がなければ、運動が好きだ
- B 腕力があれば、運動が好きだ
- C 運動が好きでないならば、腕力はない
- D 腕力がなければ、運動が好きでない
- E 運動が好きならば、腕力がない

解き方のポイント

❶ 図により命題に対する対偶を つくる

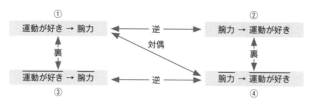

①
運動が好き → 腕力

②
腕力 → 運動が好き

③
~~運動が好き → 腕力~~

④
~~腕力 → 運動が好き~~

逆

対偶

裏

「運動が好きならば、腕力がある」の対偶を考える。

逆は順番を入れ換える 「運→腕」→「腕→運」

裏は肯定を否定に、否定を肯定に変える。
「運→腕」→「運→腕」

> 否定のマーク、文字の 上に線を入れること がポイント。

また、以下のように1つに否定があるときは、
肯定→否定、否定→肯定にする。
「運→腕」→「運→腕」

作成ルートは2つあるが、本試験では時間を考慮してどちらか
1つで作成する。

①②④　命題→逆→裏→対偶

①③④　命題→裏→逆→対偶

文章を省略して「運→腕」を①に置き、②①の逆の「腕→運」、
②の裏である④対偶「腕→運」（腕力がなければ、運動が好き
でない）を導く。

または、「運→腕」を①に置き、③①の裏「運→腕」、
③の逆である④対偶「腕→運」（腕力がなければ、
運動が好きでない）を導く。

答え

D

練習問題

問題1　　　　　　　　　　　　　　　　制限時間⏱1分

次のことが命題として成り立っているとき、確実にいえるものは
どれですか。

　国語が得意であれば、理科が得意でない

A 国語が得意であれば、理科も得意である
B 理科が得意でなければ、国語が得意である
C 理科が得意でなければ、国語も得意でない
D 国語が得意でなければ、理科が得意である
E 理科が得意であれば、国語が得意でない

問題2　　　　　　　　　　　　　　　制限時間⏱1分30秒

「日本に住んでいなければ関東に住んでいない」「東京に住んで
いれば関東に住んでいる」ということが正しいといえるとき、次
のうち正しいといえるのはどれですか。

A 関東に住んでいなければ日本に住んでいない
B 日本に住んでいれば東京に住んでいる
C 日本に住んでいれば関東に住んでいる
D 東京に住んでいなければ関東に住んでいない
E 関東に住んでいれば東京に住んでいる
F 日本に住んでいなければ東京に住んでいない

問題3　　　　　　　　　　　　　　　制限時間⏱1分30秒

次のア、イが成り立つとき、論理的に正しいものはどれですか。

ア　スキーが好きな人は、ゴルフが嫌いである
イ　スキーが嫌いな人は、サッカーが好きである

A サッカーが嫌いな人は、ゴルフが好きである
B ゴルフが嫌いな人は、サッカーが嫌いである
C ゴルフが好きな人は、サッカーが好きである
D サッカーが好きな人は、スキーが嫌いである
E ゴルフが好きな人は、スキーが好きである

問題1…E　理科が得意であれば、国語が得意でない

国語→理科 ←―逆―→ 理科→国語
国語→理科 ←―逆―→ 理科→国語
（対偶・裏・逆）

❶ 対偶を作成する

国語→理科が真であれば、
その対偶　理科→国語もまた真
である。

❷ 選択肢から正解を探す

A　国語が得意であれば、理科
　　も得意である
→命題からは明らかに違う。

B　理科が得意でなければ、国語
　　が得意である
→命題の逆の位置で必ずしもそ
　うとはいえない。

C　理科が得意でなければ、国語
　　も得意でない
→命題からは分からない。

D　国語が得意でなければ、理科
　　が得意である
→命題の裏の位置で必ずしもそ
　うとはいえない。

E　理科が得意であれば、国語
　　が得意でない
→対偶の位置で正解。

問題2…F　日本に住んでいなければ東京に住んでいない

❶ 2つの対偶を作成する

日本→関東 ←―逆―→ 関東→日本
日本→関東 ←―逆―→ 関東→日本
東京→関東 ←―逆―→ 関東→東京
東京→関東 ←―逆―→ 関東→東京

命題	対偶
「日本→関東」	「関東→日本」
「東京→関東」	「関東→東京」

❷ 三段論法を作成する

以上より「日本→関東→東京」
より「日本→東京」

問題3…C　ゴルフが好きな人
　　　　　　は、サッカーが好き
　　　　　　である

アの条件より、ス→ゴ。
イの条件より、ス→サと表せる。
アの対偶　ゴ→スと、
イのス→サより、
ゴ→ス→サ⇒ゴ→サとなり、
Cと一致する。

A　サ→ゴ　　B　ゴ→サ
C　ゴ→サ　　D　サ→ス
E　ゴ→ス

次のア、イの命題が成り立っているとき、確実にいえるものは1〜6のうちどれですか。

　ア．社会が得意であれば、英語が得意でない
　イ．国語が得意であれば、英語も得意である

　1　社会が得意でなければ、英語が得意である
　2　英語が得意でなければ、社会が得意である
　3　国語が得意でなければ、英語も得意でない
　4　英語が得意であれば、国語が得意でない
　5　国語が得意であれば、社会が得意でない
　6　英語が得意でなければ、国語が得意でない

A　1のみ　　B　2のみ　　C　3のみ　　D　4のみ　　E　5のみ
F　6のみ　　G　2と4　　H　1と5　　I　3と5　　J　5と6

次のことが成り立つとき、確実にいえるのはどれですか。

　ア　「春が好きなら、テニスが好き」
　イ　「冬が好きなら、スキーが好き」
　ウ　「勉強が好きなら、春が好き」

A　春が好きなら、勉強が好き
B　冬が好きなら、勉強が好き
C　スキーが好きではないなら、春が好きではない
D　勉強が好きなら、テニスが好き
E　春が好きではないなら、テニスが好きではない

問題4 … J　5と6

❶アとイの対偶を作成する

アの表

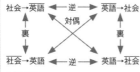

イの表

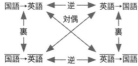

❷三段論法を作成する

アの命題とイの対偶の英語が共通である。

ア.「社→英」「英→社」、

イ.「国→英」「英→国」

三段論法を利用して、

社→英、英→国

「社→英→国」とつながり、「社→国」(社会得意→国語得意でない)を導く。

また、イの命題とアの対偶の英語が共通。

ア.「社→英」「英→社」、

イ.「国→英」「英→国」

「国→英→社」とつながり、

「国→社」(国語得意→社会得意でない)を導く。

❸選択肢を確認する

上記4つの命題・対偶「社→英」、「英→社」、「国→英」、

「英→国」と三段論法により出した「社→国」、「国→社」が真(論理的に正しい)だから、1~6から正しいものを探す。

1　社会が得意でなければ、英語が得意である→命題アの裏の位置で必ずしもそうとはいえない。

2　英語が得意でなければ、社会が得意である→命題アの逆の位置で必ずしもそうとはいえない。

3　国語が得意でなければ、英語も得意でない→命題イの裏の位置で必ずしもそうとはいえない。

4　英語が得意であれば、国語が得意でない→命題ア・イからは分からない。

5　国語が得意であれば、社会が得意でない→三段論法から正しい。

6　英語が得意でなければ、国語が得意でない→イの対偶から正しい。

問題5 … D　勉強が好きなら、テニスが好き

❶対偶を作成する

命題	対偶
ア「春→テ」	「テ→春」
イ「冬→ス」	「ス→冬」
ウ「勉→春」	「春→勉」

❷三段論法を作成する

ア、ウより「勉→テ」「テ→勉」が成り立つ。

❸選択肢を確認する

A「春→勉」　B「冬→勉」

C「ス→春」　D「勉→テ」

E「春→テ」

Dが正解。

14 | 推理（勝ち負け）

> **ポイント** 与えられた情報を
> 図や表にして解答する
>
> ● リーグ戦は表にして、
> 　「勝ち」とそれに対する
> 　「負け」を記入する
>
> BがCに勝った場合、
> B欄のCの位置に○を記入、
> C欄のBの位置に×を記入する

例題1　　　　　　　　　　　　　制限時間 ⏱ 1分40秒

A～Eの5チームで総当たり戦によるサッカーの試合をした。その結果は、次の①～⑥の通りであった。このことから確実にいえるのは1～6のうちどれですか。

① Aチームはチームとチームに負けた
② BチームはCチームに勝った
③ Bチームは2位であった
④ DチームはEチームに勝った
⑤ 5チームの勝率は、すべて異なっていた
⑥ 引き分けはなかった

1　Aチームは最下位であった　　2　BチームはCチームに負けた
3　CチームはEチームに勝った　　4　Dチームは3勝1敗であった
5　EチームはBチームに負けた　　6　AチームはBチームに負けた

A 1のみ	B 2のみ	C 3のみ　D 4のみ　E 5のみ
F 6のみ	G 2と4	H 1と5　I 3と5　J 5と6

解き方のポイント

❶ 問題を整理する

⑤から5チームの勝率がすべて異なっていて、⑥から引き分けはなかったのだから、5チームの総当たり戦の勝敗は以下と考えられる。

| 1位 | 4勝0敗 | 2位 | 3勝1敗 | 3位 | 2勝2敗 |

| 4位 | 1勝3敗 | 5位 | 0勝4敗 |

よって<u>1位は4勝しなければならない。</u>

❷ 問題文から勝敗表を作成する

	A	B	C	D	E
A			×①から	×①から	
B			○②から		2位（③から）
C	○①から	×②から			
D	○①から				○④から
E				×④から	

A、B（2位）、C、Eチームはすでに1敗以上していることが分かっているので、1位になったのはDチームである。

2位であるBチームは3勝1敗でなければならないので、Dチームにだけ負け、ほかの試合は勝ったことになる。

一部は問題文から特定できない試合が存在するが、表は次のようになる。

	A	B	C	D	E
A		×	×	×	?
B	○		○	×	○
C	○	×		×	?
D	○	○	○		○
E	?	×	?	×	

答え

J

問題1　　　　　　　　　　　　　　　　　制限時間⏱1分30秒

A、B、C、Dの4チームが野球のリーグ戦を行なったところ、AはDに勝ったが、AとDは同率となり、リーグ戦とは別に優勝決定戦が行なわれAが勝った。引き分けの試合はなかった。以上のことから確実にいえることはどれですか。

1　AはCに勝った
2　AはBに負けた
3　DはBに負けた
4　DはCに勝った
5　BはCに勝った
6　BはDに負けた

A　1のみ　　B　2のみ　　C　3のみ　　D　4のみ　　E　5のみ
F　6のみ　　G　2と4　　H　4と5　　I　4と6　　J　5と6

問題2　　　　　　　　　　　　　　　　　制限時間⏱1分30秒

A～Fの6チームが、バスケットボールのトーナメント戦を行なった。I～Vまでの説明とトーナメント表から判断して正しいのはどれですか。

Ⅰ　AはBに勝った
Ⅱ　CはAに勝った
Ⅲ　FはEに勝った
Ⅳ　FはCに勝った
Ⅴ　Fは2回戦でDに勝った

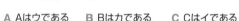

ア　イ　ウ　エ　オ　カ

A　Aはウである　　B　Bはカである　　C　Cはイである
D　Dはアである　　E　Eはオである　　F　Eはカである
G　Fはウである　　H　Cはエである

問題1…Ｉ　**4と6**

❶ 問題文を整理する

4チームのリーグ戦は1チーム3試合戦う。引き分けがない勝敗は以下が考えられる。

3–0

2–1

1–2

0–3

DがAに負けたのだから、同率のAもほかのチームに1敗している。

その両チームの優勝決定戦が実施されたということは、2勝1敗同士の試合が行なわれたことになる。よって、AとDの勝敗はともに2勝1敗である。

❷ 対戦表を作成する

	A	B	C	D
A		◯(×)	×(◯)	◯
B	×(◯)		◯(×)	×
C	◯(×)	×(◯)		×
D	×	◯	◯	

AはB、Cのいずれかに負けている

問題2…Ｅ　**Eはオである**

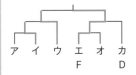

ア　イ　ウ　エ　オ　カ
　　　　　　F　　　D

❶ 問題文を整理する

トーナメント表を見ると、決勝は3回戦で、優勝者エは3勝している。FはE、C、Dの3チームに勝っているのでFはエである。FがDに勝った2回戦は、エとカの

対戦なので、Dはカと分かる。

❷ 判明部分をトーナメント表に書き込む

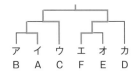

ア　イ　ウ　エ　オ　カ
B　A　C　F　E　D

CはFに負けているので、その相手は1回戦の相手のオか、決勝戦の相手のウになる。ところが、CはAに勝っているのでFの1回戦の相手ではない。よって、Cはウと分かる。Cが勝ったのがAだから、Aはイと分かる。また、AはBに勝ったので、Bはアと分かり、残ったEはオで、条件Ⅲの通りFに負けている。

問題3

制限時間 ⏱ 1分40秒

A〜Gの7チームが、図のようなバレーボールのトーナメント戦を行なった。Ⅰ〜Ⅲまでのことが分かっているとき、正しいのはどれですか。

Ⅰ　AはGに勝ち、Fに負けた

Ⅱ　EはCに勝ち、Aに負けた

Ⅲ　DはFと対戦しなかった

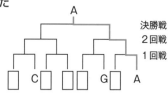

A　AはGと2回戦で対戦した

B　Bは1回戦で負けた

C　Cはシード権があった

D　DはBと対戦した

E　Fは3戦3勝であった

F　決勝戦はAとEが対戦した

G　GとCは対戦した

問題4

制限時間 ⏱ 1分40秒

A〜Hの8チームがトーナメント戦を行ない、Aが優勝した。図のような組み合わせで実施され、空欄には、B、D、E、F、Hのいずれかが入る。ア〜ウのことが分かっているとき、確実にいえるものはどれですか。

ア　Dは2回戦で負けた

イ　EはBに勝ったが、決勝には出場できなかった

ウ　HはAと対戦しなかった

A　EはCに負けた

B　HはCに勝った

C　GはDに勝った

D　HはGに勝った

E　HはEに負けた

（図）

| | A | |
| 決勝戦 | 2回戦 | 1回戦 |

□　C□　　□□　　G□　A

問題3 … D　DはBと対戦した

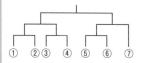

❶問題文を整理する

上の図のように、チームの位置に①～⑦と番号をつける。

条件ⅠとⅡより、Aは2勝し、1敗しているので、Aの位置は①から⑥のいずれかであることが分かる。さらに、Aは、Cに勝ったEと対戦しているから、Aの位置は①と仮定できて、③、④がC、Eになる。AはGと対戦し勝っていることから、②がGとなる。

❷判明部分を書き込む

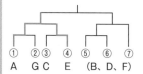

（AとG、CとEは順不同）

次に、残りのB、D、Fについて考える。また、優勝はFしか考えられず（条件Ⅰとトーナメント表から）、Fは勝ち試合しかない。また、条件ⅢよりDはFと対戦していないので、Dは⑤⑥の組み合わせでBと対戦し、Bに負けている。よって、Fの位置も⑦と決まる。

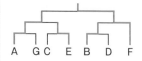

（AとG、CとE、BとDは順不同）
よって、Dが正しい。

問題4 … A　EはCに負けた

❶条件から問題文を整理する

条件イから、EはBに勝ち、決勝には出場していないので、1回戦でBに勝ち、2回戦で負けたことになる。両者が1回戦で対戦したのは左から2ブロックと分かる。次に条件アより、Dが2回戦で対戦して負け、Dは一番左と左から5番目が候補となるが、一番左だとDもEも2回戦で負け、左のブロックから決勝出場者がいないことになる。よってDは左から5番目と分かる。また条件ウからHとAの対戦がなく一番左となり、CがH、Eに勝ち決勝に進んだことも分かる。以上のことから残りの右から2番目の場所にFが入る。

❷トーナメント表で整理する

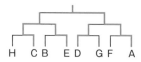

上記のように確定する（BとEは順不同）。
よって、Aが正答となる。

15 集合(ベン図)

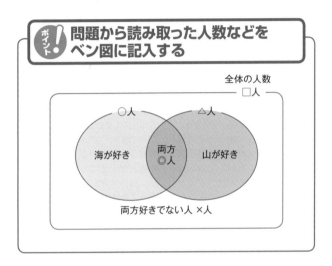

ポイント 問題から読み取った人数などを
ベン図に記入する

例題1　　　　　　　　　　　　　　　　　制限時間⏱1分

あるイベントに集まった300人に旅行についてのアンケート調
査を行なったところ、次のような結果になった。

質問事項		回　答	
		は　い	いいえ
京都について	行ったことがありますか	180	120
	好きですか	205	95

「京都に行ったことがあり、京都が好きだ」と答えた人が130人
いた。「京都に行ったことがなく、京都が好きでない」と答えた人
は何人いましたか。

A 10人	B 25人	C 45人	D 55人
E 75人	F 85人	G 120人	H 170人

❶ 質問事項を整理する

京都に行ったことがある ……… はい180人・いいえ120人
京都が好き ……………………… はい205人・いいえ 95人
両方はいと答えた人 …………………………………130人

❷ ベン図を作成して計算する

①全体300人を大きな四角で描く。
②その中に「京都に行ったことがある」で"はい"と答えた人数を円で描く。
③「京都が好きだ」で"はい"と答えた人数を円で描く。
④2つの円が重なる部分が、両方の質問に"はい"と答えた人数ということになる。

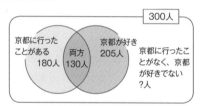

この図を見ると、四角の中で円の外の部分が、「京都に行ったことがなく、京都が好きでない」と答えた人数ということが分かる。この問題で問われている人数はこの部分になる。

全体の300人−
（2つの円に記入した人数−重なっている部分）

300人−（180人＋205人−130人）＝45人

答え
C

問題1   制限時間 ⏱ 45秒

ある大学の学生40人を対象に国語と数学のテストをした結果、国語が合格点に達した者は24人、数学が合格点に達した者は30人であった。両科目とも合格点に達しなかった者は4人だった。国語、数学ともに合格点に達した者は何人いますか。

　A 14人　B 15人　C 16人　D 17人　E 18人　F 19人

問題2   制限時間 ⏱ 45秒

48人の生徒がいるクラスで英語と数学のテストをしたところ、英語で平均点以上だった者が25人、数学で平均点以上だった者が36人という結果だった。なお、必ずどちらかの科目は平均点以上であった。英語と数学の両方で平均点以上の点を取った者は何人ですか。

　A 10人　B 11人　C 13人　D 14人　E 15人　F 16人　G 17人

問題3   制限時間 ⏱ 45秒

45人のクラスで学力テストと体力テストを実施したところ、学力テストで合格点に達した者は23人、両方とも合格点に達した者は8人、両方とも合格点に達しなかった者が2人であった。体力テストで合格点に達した者は何人ですか。

　A 10人　B 16人　C 22人　D 24人　E 28人　F 31人

問題4   制限時間 ⏱ 45秒

ある書店でビジネスマンの購読誌調査をしたところ、その週に雑誌を購入したビジネスマン128人のうち、A誌を購入した者が46人、B誌を購入した者が62人、A・B両誌を購入した者が15人だった。A・B両誌とも買っていない者は何人いますか。

　A 33人　B 35人　C 37人　D 39人　E 41人　F 43人　G 45人

<基本公式>
①集合の全体を長方形で描く。
②その中にそれぞれの集合を円で描く。
③円の重なる部分が両方に該当。
④両方に該当しないものは、①−(②−③)で計算。

問題1…E 18人

❶ベン図を作成する

40人

国語合格 24人 / 両方 x人 / 数学合格 30人

両方不合格4人

$24+30-x=40-4$

$x=18$

問題2…C 13人

❶ベン図を作成する

48人

英語 25人 / 両方 / 数学 36人

0人

英語の25人と数学の36人を足すと61人になり、全体の48人をオーバーする。必ずどちらかの科目は平均点以上だったのでこのオーバーした部分が英語と数学の両科目で平均点以上だった生徒の数である。

$(25+36)-48=61-48$

$=13$人

問題3…E 28人

❶ベン図を作成する

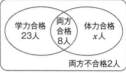

45人

学力合格 23人 / 両方合格 8人 / 体力合格 x人

両方不合格2人

$\{(23+x)-8\}+2$

$=45$

$x=45-23+8-2$

$x=28$

問題4…B 35人

❶ベン図を作成する

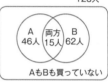

128人

A 46人 / 両方 15人 / B 62人

AもBも買っていない

A誌を買った46人にB誌を買った62人を足し、重複している15人をそこから引くと、A誌またはB誌を買った者の数93が出る。A・B両誌とも買っていない者の数を出すには全体の数128から93を引けばよい。

$128-\{(46+62)-15\}$

$=128-93=35$人

問題5　　　　　　　　　　　　　制限時間⊙45秒

ある大学で50人の学生を対象に第2外国語の選択科目について尋ねたところ、スペイン語を選択した生徒は36人、フランス語を選択した生徒は23人だった。また、両科目とも選択していない生徒はいなかった。両科目を選択した生徒は何人いますか。

A 6人　　　B 7人　　　C 8人　　　D 9人　　　E 10人

問題6　　　　　　　　　　　　　制限時間⊙1分30秒

ある町で80人にアンケート調査をしたところ、スキーの経験者は21人、スノーボードの経験者は43人、アイススケートのみの経験者は36人だった。そのいずれも経験がない人がいないとき、スキーとスノーボードの両方の経験者は何人ですか。

A 10人　　B 12人　　C 14人　　D 16人　　E 18人　　F 20人

問題7　　　　　　　　　　　　　制限時間⊙1分30秒

ビジネスマン80人を対象に調査を行なったところ、通勤に自動車を使っている者が23人、電車を使っている者が72人、自転車のみを使っている者が5人であり、その他の乗り物を使っている者や何も使っていない者はいなかった。自動車と電車を使って通勤している者は何人ですか。

A 12人　　B 20人　　C 28人　　D 30人　　E 32人　　F 37人

問題8　　　　　　　　　　　　　制限時間⊙1分50秒

ある地域の150世帯を対象に定期購読している雑誌について調査した。x誌は61世帯、y誌のみは22世帯、z誌は70世帯、また、x誌またはy誌を購読しているのが101世帯、y誌またはz誌を購読しているのが105世帯、そのいずれの雑誌も購読していない世帯が25世帯だった。x誌のみを購読しているのは何世帯ですか。

A 20世帯　　B 21世帯　　C 22世帯　　D 23世帯　　E 24世帯

問題5…D 9人
❶ベン図を作成する
スペイン語を選択した生徒とフランス語を選択した生徒の人数を足して、そこから全体の人数を引けば計算できる。
$(36+23)-50=9$人

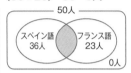

問題6…F 20人
❶ベン図を作成する
アイススケートのみは、図のアイススケートの円の重なっていない部分である。この部分が36人だから、求める網目部分は、
$(21+43)-(80-36)=20$人

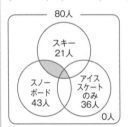

問題7…B 20人
❶ベン図を作成する

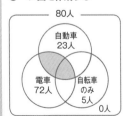

自動車と電車の両方とも使っていない者は、条件より、自動車のみを使っている5人である。従って、全体の数80人から5人を引いた数が、自動車または電車を使っている人数となる(75人)。しかし、自動車を使っている者の数23人と電車を使っている者の数72人を足すと、75人を超えてしまう。この超えた分が二重に数えた分である。
$(23+72)-(80-5)=20$人

問題8…A 20世帯
❶ベン図を作成する
x及びy誌のみを購読している世帯
$105-(70+22)=13$
x及びz誌を購読している世帯
$(61+70)-(150-25-22)$
$=28$
よって、x誌のみを購読している世帯は、
$61-(13+28)=20$世帯

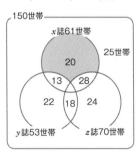

16 領域と不等式

> **ポイント!**
> **与えられた不等式がどの領域を表しているのかを見極める**

◉ $y < f(x)$ は、境界線 $y = f(x)$ よりも下の領域、
　$y > f(x)$ は、境界線 $y = f(x)$ よりも上の領域を表す

◉ $x < c$（c は定数）は、境界線 $x = c$ よりも左側の領域、
　$x > c$ は、境界線 $x = c$ よりも右側の領域を表す

例題1　　　　　　　　　　　　　　　　制限時間 ⏱30秒

次の連立不等式が表す領域は
どれですか。

$$\begin{cases} y < x+1 \\ y > x^2 \end{cases}$$

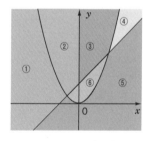

A ①　　　B ②　　　C ③　　　D ④　　　E ⑤　　　F ⑥

解き方のポイント

❶ 不等式が意味する領域を描く

$y < x+1$ は、図1のグレー部分を表す。
$y > x^2$ は、図2のグレー部分を表す。

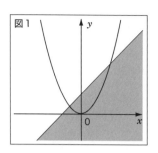

図1

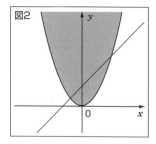

図2

求める領域は、これらの共通部分を表すから、
⑥の領域となる。

例題2

制限時間 ⏱ 1分

次の方程式で表されるグラフがある。

$y = x^2$

$y = x + 1$

$y = 2$

グレー部分は、次の不等式の表す
領域のどの組み合わせによるもの
ですか。

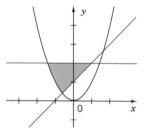

A $y > x^2$、$y > x+1$、$y > 2$

B $y < x^2$、$y < x+1$、$y < 2$

C $y > x^2$、$y < x+1$、$y < 2$

D $y < x^2$、$y > x+1$、$y > 2$

E $y > x^2$、$y > x+1$、$y < 2$

F $y < x^2$、$y < x+1$、$y > 2$

解き方のポイント

グレー部分は、$y = x^2$ の上の領域なので $y > x^2$

$y = x + 1$ の上の領域なので $y > x + 1$

$y = 2$ の下の領域なので $y < 2$ である。

答え

E

練習問題

問題1

制限時間 ⏱ 30秒

次の連立不等式が表す領域はどれですか。

$$\begin{cases} y < -x + 6 \\ y > \dfrac{1}{2}x \\ y < 2x \end{cases}$$

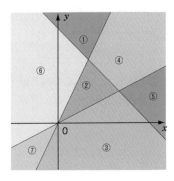

A ①　　B ②　　C ③　　D ④　　E ⑤　　F ⑥　　G ⑦

問題2

制限時間 ⏱ 30秒

次の連立不等式が表す領域はどれですか。

$$\begin{cases} y < 3 \\ y > x^2 \end{cases}$$

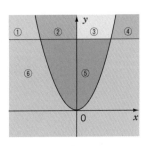

A ①　　B ②　　C ③　　D ④　　E ⑤　　F ⑥

問題1…B ②

図1

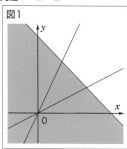

図2

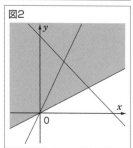

図3

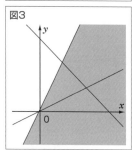

❶不等式の領域を求める

$y < -x + 6$ は、図1のグレー部分の領域を表す。

$y > \dfrac{1}{2} x$ は、図2のグレー部分の領域を表す。

$y < 2x$ は、図3のグレー部分の領域を表す。

❷共通部分を求める

求める領域は、これら3つの共通部分を表すから、②の領域となる。

問題2…E ⑤

図1

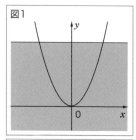

図2

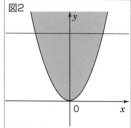

❶不等式の領域を求める

$y < 3$ は、図1のグレー部分を表す。

$y > x^2$ は、図2のグレー部分を表す。

❷共通部分を求める

求める領域は、これらの共通部分を表すから、⑤の領域となる。

問題3

制限時間 ⏱ 45秒

次の2つの不等式が表す領域はどれですか。

$$\begin{cases} y < x^2 \\ y < -x^2 + 2 \end{cases}$$

なおx軸、y軸は領域の境界線で
はない。

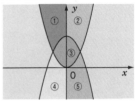

A ①　　　　B ②　　　　C ③　　　　D ④

E ⑤　　　　F ①と②　　G ④と⑤

問題4

制限時間 ⏱ 1分

次の3つの不等式が表す領域はどれですか。

$$\begin{cases} y > (x-3)^2 - 1 \\ y > -(x-2)^2 + 4 \\ y > 1 \end{cases}$$

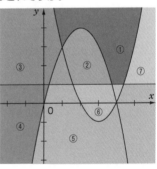

A ①　　　　B ②　　　　C ③　　　　D ④

E ⑤　　　　F ①と②　　G ①と③

108

問題3…G ④と⑤

図1

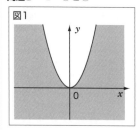

図2

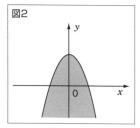

図1は$y<x^2$、図2は$y<-x^2+2$の領域を表す。
よって、求める領域は、これら2つの共通部分を表すから、
④と⑤の領域となる。

問題4…A ①

図1

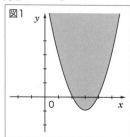

図2

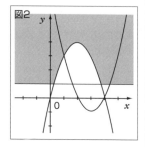

図1は$y>(x-3)^2-1$、図2は$y>-(x-2)^2+4$、$y>1$の領域を表す。
よって、求める領域は、これらの共通部分を表すから、
①の領域となる。

17 条件と領域

> **ポイント**
> ## 外枠の境界線（縦軸と横軸）の数値を読み取る
>
> ### ●条件に合う点の座標の数値を読み取る
>
> 点aは、赤組は30人、
> 白組は10人の点
> 点cは、赤組は30人、
> 白組は25人の点
>
> 2点の共通点からその境界線を
> 条件と確認する。

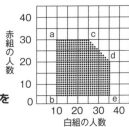

例題1　　　　　　　　　　　　　　　　　　制限時間⏱1分

ある企業が各支社の自動車とバイクの保有台数について、次のように定めた。図は自動車の台数を縦軸に、バイクの台数を横軸にとって図示したものである。図点は以下の条件を満たす組み合わせを表す。

条件ア　各支社自動車の台数は
　　　　20台以上設置すること
条件イ　各支社バイクの台数は、
　　　　自動車2台に対して1台
　　　　以上設置すること
条件ウ　各支社自動車の台数は
　　　　40台以下にすること

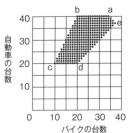

条件エ　各支社バイクの台数は、自動車の台数以下にすること

条件オ　各支社の自動車とバイクの合計台数は74台以下にすること

点dと点eでつくる直線は、上記条件のどれを示しますか。

| A ア | B イ | C ウ | D エ | E オ |

解き方のポイント

❶ グラフと図点を理解する

この問題では、グラフの縦軸が自動車の台数、横軸がバイクの台数を表している。そして、上記アからオの条件に合致した、境界線と中の図点が表示されている。

例えば点aと点bでつくる直線は、自動車の台数がすべて40台になっている。よって、条件ウの「各支社自動車の台数は40台以下にすること」に合致するように設置していることが分かる。

❷ 境界線と条件を合致させる

点dと点eでつくる直線から自動車とバイクの設置数を読み取ると

点d⇒ 自動車の台数　20　／　バイクの台数 20

点e⇒ 自動車の台数　37　／　バイクの台数 37

このことから、自動車の台数とバイクの台数は同数である。条件エの「各支社バイクの台数は、自動車の台数以下にすること」に合致する。

答え

D

問題1　　　　　　　　　　　　　　　　制限時間⏱5分20秒

ある携帯電話の新機種の製造において、総重量と製造原価の両面から部品X、Yの数について、次のように定めた。

条件ア　Xの数は10個以上にすること
条件イ　Xの数は30個以下にすること
条件ウ　Yの数は20個以上にすること
条件エ　Yの数は35個以下にすること
条件オ　XとYの合計は55個以下にすること

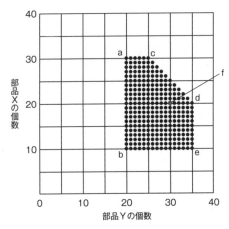

（1）点dと点eでつくる直線は、上記条件のどれを示しますか。

A ア　　　　B イ　　　　C ウ　　　　D エ　　　　E オ

（2）点cと点dでつくる直線は、上記条件のどれを示しますか。

A ア　　　　B イ　　　　C ウ　　　　D エ　　　　E オ

（3）点a、点b、点c、点d、点eのうち、XとYの個数の合計が点fと同じ個数になるのはどれですか。

A 点a　　B 点b　　　C 点c　　　D 点d
E 点e　　F 点aと点c　　G 点aと点e　　H AからGのどれでもない

解答&解説

問題1（1）…D　エ

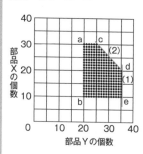

❶点dと点eの個数を読み取る

2つの点の個数を読み取って、どの条件による直線なのかを検討する。

点dの個数は部品Xが20個、部品Yが35個。

点eの個数は部品Xが10個、部品Yが35個。

❷条件を判断する

両方ともYが35個となっており、条件エの「部品Yは35個以下」を示す。

問題1（2）…E　オ

❶点cと点dの個数を読み取る

点dの個数は部品Xが20個、部品Yが35個。

点cの個数は部品Xが30個、部品Yが25個。

❷条件を判断する

点dから点cに向かって考えると、部品Xが1個増加すると部品Yは1個減少する斜めの直線になっており、点cでは部品Xが30個に増えて、部品Yが25個に減っている。

どの点も個数を合計すると55個になっている。よって、条件オの「XとYの合計は55個以下」を示す。

問題1（3）…A　点a

❶各点の個数を読み取って点fと比較する

点fの個数は、部品Xが20個、部品Yが30個⇒合計50個

各点の個数は、

点a⇒
部品Xが30個
部品Yが20個
合計50個

点b⇒
部品Xが10個
部品Yが20個
合計30個

点c⇒
部品Xが30個
部品Yが25個
合計55個

点d⇒
部品Xが20個
部品Yが35個
合計55個

点e⇒
部品Xが10個
部品Yが35個
合計45個

(4)各部品の重さが下記条件のとき、点a、点b、点c、点d、点eのうち点fより軽くなるのはどれですか。

部品X …12g
部品Y …… 8g

A 点a   B 点b   C 点c   D 点d   E 点e
F 点aと点b   G 点bと点e   H 点aと点e   I 点aと点bと点e

(5)前ページの条件ア～オに下記条件力を追加したとき、すべての条件を満たす点が表す図形はどれですか。

条件力　部品Xと部品Yの合計を40個以上とする

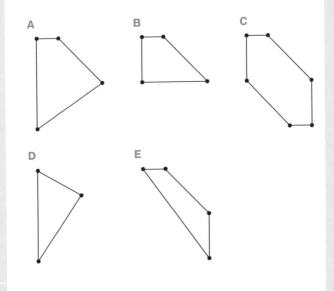

問題1 (4) … G　点bと点e

❶各部品の重さを計算し、点fと比較する

部品X12g、部品Y8gの重量を各点の個数に入れて、合計重量を計算する。

点fの重量は、

部品Xが20個×12g＝240g、

部品Yが30個×8g＝240g

合計すると480gになる。

各点の重量は

点a⇒

　部品X　30×12＝360g、

　部品Y　20×8＝160g

　合計520g

点b⇒

　部品X　10×12＝120g、

　部品Y　20×8＝160g

　合計280g

点c⇒

　部品X　30×12＝360g、

　部品Y　25×8＝200g

　合計560g

点d⇒

　部品X　20×12＝240g、

　部品Y　35×8＝280g

　合計520g

点e⇒

　部品X　10×12＝120g、

　部品Y　35×8＝280g

　合計400g

よって点bと点eになる。

問題1 (5) … C

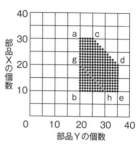

❶条件力を追加して判断する

「条件力　部品Xと部品Yの合計を40個以上とする」をほかの条件に追加すると、

上記グラフの点bは合計30個で、条件力を満たさないことが分かる。

Xの数は10個以上、Yの数は20個以上の条件があり、Yの数を最低の20個とすると条件力を満たすためにはXの個数も20個になり、点gになる。Xを最低の10個とするとYは30個となり、点hになる。点gと点hを結ぶ直線より上側にある点が、条件力を満たしている。

18 濃度

> **ポイント** 基本公式をしっかり覚え、
> その式を応用する
>
> ◉濃度(%)＝ $\dfrac{\text{含まれる食塩の質量(g)}}{\text{水溶液(食塩＋水)の質量(g)}}$ ×100
>
> ◉食塩の重さ(g)＝
> 水溶液(食塩＋水)の質量(g)× $\dfrac{\text{濃度(%)}}{100}$
>
> ◉食塩水の重さ(g)＝
> 含まれる食塩の質量(g)× $\dfrac{100}{\text{濃度(%)}}$

例題1　　　　　　　　　　　　　　　制限時間⏱30秒

濃度が4%の200gの食塩水がある。食塩は何g含まれていますか。

| A 6g | B 6.5g | C 7g | D 7.5g |
| E 8g | F 8.5g | G 9g | H 9.5g |

解き方のポイント

❶食塩の重さを求める

基本公式
食塩の重さ(g)＝水溶液(食塩＋水)の質量(g)× $\dfrac{\text{濃度(%)}}{100}$

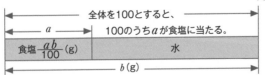

a(%)の食塩水 b(g)には、$\dfrac{ab}{100}$ g の食塩が含まれている。

食塩の重さを求める公式に当てはめる。

4%の食塩水200gには食塩が

$\dfrac{4 \times 200}{100} = 8$g が含まれている。

答え
E

例題2

制限時間 ⏱ 45秒

7%の食塩水100gと4%の食塩水200gを混ぜる。何%になりますか。

A 2%　　B 3.2%　　C 4.6%　　D 5%　　E 5.6%

解き方のポイント

❶ 各食塩水に含まれる食塩の重さを計算する

混ぜ合わせる前のそれぞれの食塩水に含まれる食塩の重さを求め、それぞれの食塩水に含まれている食塩の重さを合計する。

$100g \times \dfrac{7}{100} + 200g \times \dfrac{4}{100} = 15g$

❷ 濃度を計算する

混ぜ合わせた後の食塩水の重さは $100 + 200 = 300g$

合わせた食塩の重さ15gと合わせた食塩水の重さ300gを公式に当てはめて計算する。

$\dfrac{15g}{300g} \times 100 = 5\%$

答え
D

問題1　　　　　　　　　　　　　　　　　　　　制限時間⏱45秒

5%の食塩水200gと12.5%の食塩水400gを混ぜると、何%の食塩水ができますか。

　A 5%　　B 6%　　C 7%　　D 8%　　E 9%　　F 10%

問題2　　　　　　　　　　　　　　　　　　　　制限時間⏱1分

6%の食塩水400gと12%の食塩水500gを混ぜると、何%の食塩水ができますか。

　A $\frac{52}{3}$%　　B 10%　　C 24%　　D 60%　　E 9%

　F 84%　　G $\frac{28}{3}$%　　H $\frac{52}{9}$%

問題3　　　　　　　　　　　　　　　　　　　　制限時間⏱1分

5%の食塩水600gに20%の食塩水を混ぜて10%の食塩水をつくりたい。20%の食塩水を何g混ぜればよいでしょうか。

　A 200g　　B 300g　　C 400g　　D 500g　　E 600g　　F 700g

問題4　　　　　　　　　　　　　　　　　　　　制限時間⏱1分

15%の食塩水が300gある。ここから100gを取り出して捨て、その後に同量の水を入れると、何%の食塩水になりますか。

　A 3%　　B 5%　　C 7%　　D 8%　　E 10%　　F 13%

問題5　　　　　　　　　　　　　　　　　　　制限時間⏱1分20秒

18%の食塩水300gと7%の食塩水360gを混ぜ合わせた後に、ある量を蒸発させたら濃度は13.2%になった。蒸発した水の量はいくらですか。

　A 15g　　B 30g　　C 45g　　D 60g　　E 75g　　F 80g

問題1 … F 10%

❶食塩の量を求める

$200 \times \dfrac{5}{100} + 400 \times \dfrac{12.5}{100}$

$= 60g$となる。

❷濃度を求める

濃度$= \dfrac{食塩}{食塩水} \times 100$なので、

$\dfrac{60}{200+400} \times 100 = 10\%$

問題2 … G $\dfrac{28}{3}$ %

**❶濃度6%の食塩水400gの、
食塩の量を求める**

$\dfrac{6 \times 400}{100} = 24g$

**❷濃度12%の食塩水500gの、
食塩の量を求める**

$\dfrac{12 \times 500}{100} = 60g$

❸合計し濃度を求める

これら2つの食塩水を混ぜると、
食塩は

$24 + 60 = 84g$

となり、食塩水全体では

$400 + 500 = 900g$

となる。求める食塩水の濃度は、

$\dfrac{84}{900} \times 100 = \dfrac{28}{3}$ %

←6%の食塩水→ 400g		←12%の食塩水→ 500g	
食塩 24g	水	食塩 60g	水
←―――――食塩水900g―――――→			

問題3 … B 300g

❶方程式を立てる

20%の食塩水をxg混ぜて
10%の食塩水をつくる。

$600 \times \dfrac{5}{100} + x \times \dfrac{20}{100} =$

$(600+x) \times \dfrac{10}{100}$

両辺に100を掛けると、

$3000 + 20x = 6000 + 10x$

$x = 300g$

問題4 … E 10%

❶食塩の量を求める

300gの食塩水から100g取り
出すと、$300 - 100 = 200g$と
なる。
濃度は15%なので食塩の量は
$200 \times 0.15 = 30g$

❷新しい濃度を求める

そこに100gの水を入れると全
体は300g、食塩は30gの食塩
水ができる。

$\dfrac{30}{300} \times 100 = 10\%$

問題5 … D 60g

❶食塩の量を求める

18%の食塩水300g中の食塩は

$300 \times \dfrac{18}{100} = 54g$

7%の食塩水360g中の食塩は

$360 \times \dfrac{7}{100} = 25.2g$

合計すると79.2g

❷蒸発させた水の量を求める

蒸発した水の量をx（g）とする。

$\dfrac{79.2}{30 \times 360 - x} \times 100$

$= 13.2\%$

これを解いて$x = 60g$

問題6　　　　　　　　　　　　　　　　制限時間⏱1分

7%の食塩水600gを水で薄めて3%の食塩水にしようとしたが、誤って水の代わりに14%の食塩水を使用した。混ぜ合わせた後の食塩水は何%になりますか。

A 9%　　B 10%　　C 11%　　D 12%　　E 13%　　F 15%

問題7　　　　　　　　　　　　　　　制限時間⏱1分20秒

2つのビーカーに入ったA食塩水300g（濃度15%）とB食塩水300g（濃度x%）のうち、A200gとB300gを混ぜ合わせて18%の食塩水をつくろうとしたところ、AとBの食塩水の量を逆にして混ぜ合わせた。何%の食塩水ができましたか。

A 14%　　B 15%　　C 16%　　D 17%　　E 18%　　F 19%

問題8　　　　　　　　　　　　　　　制限時間⏱1分30秒

20%の食塩水200gに、ほかの食塩水150gを加えて15%の食塩水をつくるには、何%の食塩水を加えればよいですか。

A $\dfrac{25}{3}$%　　B 10%　　C 25%　　D 22.5%　　E 5%

F 15%　　G $\dfrac{70}{3}$%　　H $\dfrac{35}{9}$%

問題9　　　　　　　　　　　　　　　制限時間⏱1分20秒

15%の食塩水100gから50gを取り出し、その後100gの水を入れたら、何%の食塩水になりますか。

A 25%　　B 40%　　C 35%　　D 30%　　E 20%

F 5%　　G 15%　　H 10%

問題6…C　11%

❶加えた食塩水の量を求める

加えようとした水の量をx(g)とする。

混合前

$600 \times \dfrac{7}{100} = 42$g（食塩の量）

混合後

$(600 + x) \times \dfrac{3}{100} = 42$g

$x = 800$g

よって、水の代わりに入れた食塩水の量は800gである。

❷混合後の濃度を求める

水の代わりに入れた食塩水に含まれる食塩の量は、

$800 \times \dfrac{14}{100} = 112$g

全体の食塩水の量は、

600g＋800g＝1400gで、食塩の量は42g＋112g＝154gであるから、濃度は、

$\dfrac{154}{1400} \times 100 = 11\%$

問題7…D　17%

❶問題文を図にする

【濃度】	15%		x(%)		18%
【食塩の量】	30g	＋	60g	＝	90g
	200g		300g		500g

300gのビーカーの食塩の量を考えると

90g－30g＝60g

$x = 60 \div 300 \times 100 = 20\%$

❷実際の混ぜ合わせを図にする

【濃度】	15%		20%		？%
【食塩の量】	45g	＋	40g	＝	85g
	300g		200g		500g

できた食塩水の濃度は、

85÷500×100＝17%

問題8…A　$\dfrac{25}{3}$%

❶食塩の量を求める

20%の食塩水200gに含まれる食塩の量は $200 \times \dfrac{20}{100} = 40$g

❷方程式を立てる

求めるほかの食塩水の濃度をa(%)とすると、この食塩水には

$150 \times \dfrac{a}{100} = \dfrac{3}{2}a$g

の食塩が含まれているので、

$\dfrac{40 + \dfrac{3}{2}a}{200 + 350} \times 100 = 15\%$

という方程式が成り立つ。この方程式を解いて、求める濃度は、

$a = \dfrac{25}{3}\%$

問題9…F　5%

❶濃度15%の食塩水50g中の、食塩の量を求める

$\dfrac{15 \times 50}{100} = \dfrac{15}{2}$g

❷濃度を求める

この食塩水に100gの水を加えると、食塩水は

50＋100＝150g

になる。求める食塩水の濃度は、

$\dfrac{\dfrac{15}{2}}{150} \times 100 = 5\%$

←15%の食塩水50g→		
食塩$\dfrac{15}{2}$g	水	水100g
食塩水150g		

19 物の流れと比率

> ポイント **問題文をしっかり読み、図から流れを理解して解く**
>
> ● 問題文が長く、最初は難しく感じるが、実際の計算は簡単な演算だけで解けることが多い。

例題1　　　　　　　　　　　　　　　　　　　　制限時間⏱2分

ある品物が複数の卸業者を経由して納品される物の流れを表す場合、O業者が出荷した品物が比率aでP業者に入荷されたとき、これを次の図1のように示す。

図1　$O \xrightarrow{a} P$

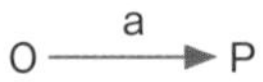

O業者とP業者が取り扱う品物数をそれぞれO、PとするとP＝aOが成り立つ（Pの入庫はO業者の出庫のうちa、aは比率の数）。同様にO業者がQ業者に比率aで出荷し、R業者がQ業者に比率bで出荷したときを次の図2のように示す。

図2

この場合、Qの入庫が2ルートからなっている。
よって、Q＝aO＋bRが成り立つ
（Qの入庫はaOとbRの合計の数）。
また、O業者からP業者に比率aで出荷したもののうち、P業者を経由して、さらにQ業者に比率bで出荷されたとき、これを次の図3のように示す。

図3　$O \xrightarrow{a} P \xrightarrow{b} Q$

Oの出庫がPを経由してQに入庫するパターン。式ではQ＝bP
と表す（Qの入庫はP業者の出庫のうちb、bは比率の数）。
PはaOで計算できるから、Q＝b(aO)＝abOとも表す。

$$(a+b)O = aO + bO$$
$$c(a+b)O = acO + bcO$$

のような演算は成り立つとする。

上記の条件で下図を表す式として適切なのはどれですか。

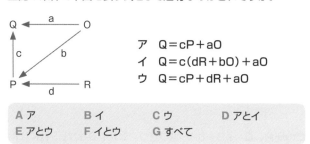

ア　Q＝cP＋aO
イ　Q＝c(dR＋bO)＋aO
ウ　Q＝cP＋dR＋aO

A ア　　　　B イ　　　　C ウ　　　　D アとイ
E アとウ　　F イとウ　　G すべて

解き方のポイント

❶ Qに対して一番近い記号で表す

Q＝aO＋cP

❷ 経由（図3）は後ろ部分を別に表す

Q＝aO＋cP → (PはbO＋dRとも表せる)

❸ 選択肢を確認する

アはQに入荷される2つのルート(O、P)を、O業者からのも
のはaO、P業者からのものはcPと表現しており、適切。
イはcdR＋bcO＋aOと展開でき、Pに集まる2つ(bOとdR)
をcの比率でQに出荷し、もう1つのaOも表現して
おり、正しい。ウはdRが不要で不適切。
よってアとイが適切でDが正解。

答え
D

問題1　　　　　　　　　　　　　　　　　　　　制限時間⏱6分30秒

ある商品が複数の企業を経由して納品される物の流れを表す場合、O社が出荷した商品が比率aでP社に入荷されたとき、これを図1のように示す。

図1　　$O \xrightarrow{\quad a \quad} P$

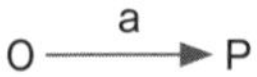

O社とP社が取り扱う商品数を、それぞれO、Pとすると、

P＝aOが成り立つ。同様に、O社がQ社に比率aで出荷し、R社がQ社に比率bで出荷したときを図2のように示す。

図2

この場合、Q＝aO＋bRが成り立つ。また、O社からP社に比率aで出荷した物のうちP社を経由して、さらにQ社に比率bで出荷されたとき、これを図3のように示す。

図3　　$O \xrightarrow{\quad a \quad} P \xrightarrow{\quad b \quad} Q$

この場合、Q＝bPが成り立ち、またPはaOで計算できるから、Q＝b(aO)＝abOとも表す。また、式は

(a＋b)O＝aO＋bO
c(a＋b)O＝acO＋bcO

のような演算は成り立つとする。

(1)上記の条件で下図が表す式として適切なのはどれですか。

　ア　Q＝cdR＋aO
　イ　Q＝c(dR＋bO)＋aO
　ウ　Q＝cP＋dR＋aO

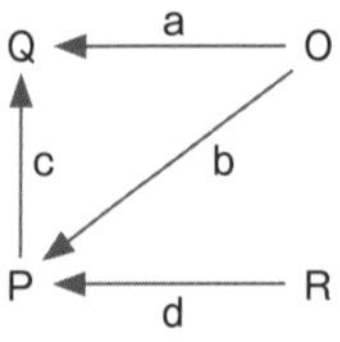

A ア　　　　B イ　　　　C ウ　　　　　D アとイ

E アとウ　　　F イとウ　　　G すべて

(2)左記の条件で下図を表す式として適切なのはどれですか。

ア　Q=cdR＋aO

イ　Q=cdR＋abP＋aeR

ウ　Q=cP＋aO

A ア　　　　B イ　　　　C ウ　　　　　D アとイ

E アとウ　　　F イとウ　　　G すべて

解答&解説

問題1 (1)…B イ

❶一番近い記号で表す
Q=aO＋cP

❷経由(P)を別記号で表す
Q=aO＋c $\dfrac{P}{bO+dR}$

❸選択肢を確認する
アはQに入荷される2つのルート
(O、P)のうちaOは表現されて
いるが、Pに集まるbOが不足し
ている。
イはcdR＋bcO＋aOと展開で
き、Pに集まる2つ(bOとdR)を
cの比率でQに出荷し、もう一つ
のaOも表現しており適切。
ウはdRが不要。

問題1 (2)…G すべて

❶一番近い記号で表す
Q=aO＋cP

❷経由(O、P)を別記号で表す
$\dfrac{a O}{bP+eR}$ ＋ $\dfrac{c P}{dR}$

❸選択肢を確認する
アはQに入荷される2ルート(O、
P)をaOとcdRで表しており、適
切。
イは2ルートのPをcdRで表し、
Oに集まるbPとeRをaの比率で
出荷しており、適切。
ウも2ルート(O、P)をそれぞれ
cの比率、aの比率で出荷してお
り、すべて適切。

(3)前ページの条件で下図を表す式として適切なのはどれです
か。

ア　Q＝abcdeO
イ　Q＝cbP＋aO＋eR
ウ　Q＝(bc＋a＋de)O

A ア　　　　　B イ　　　　　C ウ　　　　　D アとイ
E アとウ　　　F イとウ　　　G すべて

(4)上記(3)の図においてaとbとdが0.3、cとeが0.5である場
合、O社が取り扱う商品のうちQ社に納品されるのは何％で
すか。

A 25%　　　B 30%　　　C 35%　　　D 42.5%
E 45%　　　F 60%　　　G 65.5%

(5)上記(4)の割合において、O社からQ社に納品される商品の
うち、P社を経由しない物は、P社を経由する物の何％です
か。

A 33.3%　　B 45%　　　C 52.9%　　D 69.8%
E 78.4%　　F 300%　　G 450%

問題1（3）…C ウ

❶一番近い記号で表す

Q＝cP＋aO＋eR

❷経由（P、R）を別記号で表す

$Q=c\frac{P}{bO}+aO+e\frac{R}{dO}$

❸選択肢を確認する

アはa～eの比率をOに掛ける形になり、Qに集まる3つのルートを足すものではない。

イはQに集まる3つのルートのうちcbPがcbOの誤り。

ウはbcO＋aO＋deOと展開でき、3つのルートを表している。

問題1（4）…F 60%

❶記号に数値を入れて計算する

O社からの出荷は上記(3)ウの算式bcO＋aO＋deOで表現されており、比率を算入すると0.3×0.5＋0.3＋0.3×0.5＝0.6よって60%となる。

問題1（5）…F 300%

❶2つのルートを計算する

O社から出荷される商品のうちP社を経由するのはcbOの1ルート。

経由しないのはaOとdeOの2ルート。

計算式に比率を入れると、

P社を経由する

　0.5×0.3＝0.15

P社を経由しない

　0.3＋0.3×0.5＝0.45

❷比率を計算する

その比率は0.45÷0.15＝3よって300%となる。

20 売買損益

基本公式を覚えて応用する

■売買損益の基本公式

定価：予定販売価格	
原価×(1＋利益率)、原価＋利益など	
売価：実際販売価格	
定価×(1－割引率)	
原価：購入価格	
定価÷(1＋利益率)	
利益	
予測利益	原価×利益率 定価－原価など
実際利益(マイナスは損失)	売価－原価

原価を"100円"として考えると分かりやすくなる
(ここでは仮に利益率を0.2、定価の値引率を0.1として考える)

予測利益　100×0.2＝20円
定価　　　100×(1＋0.2)＝120円
売価　　　120×(1－0.1)＝108円
実際利益　108－100＝8円

例題1　　　　　　　　　　　　　　　　　　制限時間⏱30秒

8000円で仕入れた商品に、原価の20%の利益を見込んで定価をつけた。定価はいくらですか。

A 4800円	B 5000円	C 6000円	D 7200円
E 7500円	F 8400円	G 9000円	H 9600円

解き方のポイント

❶ 定価を求める

原価×(1＋利益率)＝定価
8000円×(1＋0.2)＝9600円

答え

H

例題2　　　　　　　　　　　　　　　　制限時間⏱45秒

例題1の商品が売れないので、定価の25％引きで販売すること
にした。利益はいくらになりますか。

A －1600円　　B －800円　　C 0円　　　　D 375円
E 900円　　　F 800円　　　G 1260円　　H 1400円

解き方のポイント

❶ 実際利益を求める

売価－原価＝実際利益

売価＝定価×(1－値引率)
9600円×(1－0.25)＝7200円
売価－原価＝実際利益(マイナスは損失)より
7200円－8000円＝－800円

答え

B

問題1　　　　　　　　　　　　　　　　　　制限時間⏱30秒

ある品物に原価の2割の利益を見込んで、1個9000円の定価をつけた。原価はいくらですか。

A 4000円　　　B 6000円　　　C 6500円
D 7000円　　　E 7500円　　　F 8000円

問題2　　　　　　　　　　　　　　　　　　制限時間⏱45秒

原価2000円の商品に30%の利益を見込んで定価をつけたが、売れなかったので定価から15%引きで売ることにした。いくらで売ることにしましたか。

A 2200円　　　B 2210円　　　C 2300円　　　D 2310円
E 2400円　　　F 2410円　　　G 2600円　　　H 2610円

問題3　　　　　　　　　　　　　　　　　　制限時間⏱45秒

6000円で仕入れた品物に、仕入れ値の30%の利益を見込んで定価をつけたが、売れないので、30%引きで販売することにした。いくらの利益になりますか。

A −540円　　　B −120円　　　C 240円
D 490円　　　E 1200円　　　F 1560円

問題4　　　　　　　　　　　　　　　　　　制限時間⏱45秒

原価1600円の品物を定価の20%で売ると、100円の利益がある。定価はいくらですか。

A 6500円　　　B 7000円　　　C 7500円　　　D 8000円
E 8500円　　　F 9000円　　　G 9500円　　　H 10000円

問題5　　　　　　　　　　　　　　　　　　制限時間⏱45秒

原価1700円の品物を定価の20%引きで売ると100円の損になる。定価はいくらですか。

A 1800円　　　B 1900円　　　C 2000円
D 2100円　　　E 2200円　　　F 2300円

<基本公式>
定価＝原価×（1＋利益率）
売価＝定価×（1－割引率）
利益＝原価×利益率
実際利益＝売価－原価

問題1…E　7500円
原価をx円とすると
$9000 = x \times (1 + 0.2)$
$x = \dfrac{9000}{1.2}$
$x = 7500$円

問題2…B　2210円
❶定価を求める
定価は、原価に対して30%の利益を加えた値段だから、
$2000 \times (1 + 0.3)$
$= 2600$円
❷売価を求める
売価はこの定価から15%を引いた値段だから、
$2600 \times (1 - 0.15)$
$= 2210$円

問題3…A　－540円
❶定価を求める
6000円の30%増しの定価は
$6000 \times (1 + 0.3)$
$= 7800$円となる。
❷売価を求める
これを30%引きにするので、
$7800 \times (1 - 0.3)$
$= 5460$円
❸利益を求める
$5460 - 6000 = -540$円

問題4…E　8500円
❶公式を利用して方程式を立てる
定価をx円とし、20%で売ると原価より100円高い値になるので、
$0.2x = 1600 + 100$
という方程式が成り立つ。
❷方程式を解く
$0.2x = 1700$
$x = 8500$円

問題5…C　2000円
❶売価を求める
100円の損になるということは、
$1700 - 100 = 1600$円で売ることになる。
❷定価を求める
売価は定価の20%引きなので定価をx円とすると、
$x \times (1 - 0.2) = 1600$円
となる。
$x = 1600 \div (1 - 0.2)$
$= 2000$円

問題6　制限時間⏱1分30秒

ある商品を定価の10%引きで売り、原価の8%の利益が出るようにしたい。定価を原価の何%増しにすればよいでしょうか。

A 10%　B 15%　C 20%　D 25%　E 30%

問題7　制限時間⏱1分20秒

ある商品を仕入れ値の2割5分の利益を見込んで、150円の定価をつけた。最低でも仕入れ値の1割の利益を得るには、値引きできる金額は最高でいくらですか。

A 12円　B 14円　C 16円　D 18円　E 19円　F 20円

問題8　制限時間⏱2分40秒

定価の20%引きの売価で販売しても、原価の28%の利益が出るように定価を設定した。

(1)定価1600円の商品の場合、原価はいくらですか。

A 600円　　　B 750円　　　C 800円
D 1000円　　E 1200円　　F 1280円

(2)原価500円の商品の場合、定価はいくらですか。

A 800円　　　B 900円　　　C 1000円
D 1100円　　E 1200円　　F 1300円

問題9　制限時間⏱1分20秒

ある商品を1個120円で仕入れ、定価180円をつけて販売したところ、24個が売れ残り、利益が5040円となった。この商品を何個仕入れましたか。

A 160個　B 159個　C 158個　D 157個　E 156個
F 155個　G 154個　H 153個　I 152個

問題6…C　20%

❶定価の式を立てる

原価をA円、定価を原価のP%増しとすると、定価は

$A(1+\dfrac{P}{100})$円になる。

❷原価を求める

この定価の10%引きで売っても原価の8%の利益をあげるということから、

$A(1+\dfrac{P}{100})\times(1-\dfrac{10}{100})=$

$A(1+\dfrac{8}{100})$

$(1+\dfrac{P}{100})\times\dfrac{9}{10}=\dfrac{108}{100}$

両辺に1000を掛けて、

$(1+\dfrac{P}{100})\times900=1080$

$900+9P=1080$

$9P=180$

$P=20(\%)$

問題7…D　18円

❶仕入れ値(原価)を求める

仕入れ値は

$150\div(1+0.25)=120$円

❷売価を求める

この1割の利益を得るためには、

$120\times(1+0.1)=132$円で売ることになる。

❸値引き額を計算する

$150-132=18$円引きならば1割の利益となる。

問題8 (1)…D　1000円

❶売価を求める

定価の20%引きの売価

$1600\times(1-0.2)$

$=1280$円

❷原価をx円として方程式を立てる

1280円で販売して、原価の28%の利益が出るから、原価をx(円)として計算式を立てる。

$1280-x=0.28x$

$1.28x=1280$

$x=1000$円

問題8 (2)…A　800円

❶基本公式から方程式を立てる

利益=売価-原価

$500\times0.28=$売価-500

売価$=640$

売価=定価×(1-割引率)から、定価をx(円)とすると、

$640=x\times(1-0.2)$

$0.8x=640$　$x=800$円

問題9…E　156個

❶商品をx個仕入れたとして方程式を立てる

売れ残った商品もすべて売れたとすると、売上の総額は、

$120x+5040+4320$

$=120x+9360$円

売上の総額は、180円でx(個)すべてを売った値段に等しいので、

$120x+9360=180x$

という方程式が成り立つ。

この方程式を解くと、$x=156$個

120円×x		実際に販売すると、180円×24=4320円
仕入れの総額	5040円	
	利益	売れ残り
売上の総額		

21 ブラックボックス

> **ポイント！ 数値を入れて各装置の計算を確実に行なう**
>
> ●装置の法則に慣れてしまえば時間短縮が可能
> ●装置の変化を記号で簡略化する

例題1　　　　　　　　　　　　　　　　　　制限時間 ⏱ 1分40秒

ある数値を信号として入力したとき、以下のような規則で変化させる装置がある。

(P型)0を入力すると1に、1を入力すると0になる。

（例） 　0 ⟶ | P | ⟶ 1

(Q型)2つの信号を同時に入力し、少なくともどちらか一方が0の場合は0となる。2つの信号の両方が1の場合は1になる。

（例） 　0 ⟶
　　　　1 ⟶ | Q | ⟶ 0

(R型)2つの信号を同時に入力し、少なくともどちらか一方が1の場合は1となる。2つの信号の両方が0の場合は0になる。

（例） 　0 ⟶
　　　　1 ⟶ | R | ⟶ 1

これらの3つの装置をつないで、右ページの図のような回路をつくった。入力信号X1、X2、X3、X4の組み合わせアからウのうち、Y＝0となるものはどれですか。

	アの場合	イの場合	ウの場合
X1	1	1	1
X2	0	1	0
X3	1	1	1
X4	0	1	1

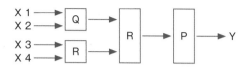

A アだけ　　B イだけ　　C ウだけ　　D アとイ　　E アとウ
F イとウ　　G アとイとウのすべて　　H すべて0にならない

21
非言語 ブラックボックス

解き方のポイント

❶ 各数値を装置に入れて計算する

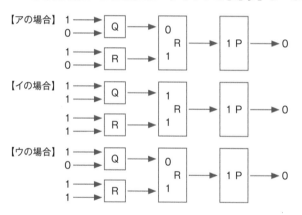

P装置 → 0を入力すると1に、1を入力すると0になる
　　　　→ 逆を出力

Q装置 → どちらか一方が0の場合は0となる。
　　　　2つとも1の場合は1になる→ 小を出力

R装置 → どちらか一方が1の場合は1となる。
　　　　2つとも0の場合は0になる → 大を出力

答え

練習問題

問題1　　　　　　　　　　　　　　　　制限時間⏱1分30秒

正の数、0、負の数を信号として入力したとき、以下のような規則で変化させる装置がある。

<P型>入ってきた2つの信号を加える。

X1 ⟶ | P | ⟶ Y　　　（例）4 ⟶ | P | ⟶ 6
X2 ⟶ 　　　　　　　　　　　2

<Q型>入ってきた2つの信号を掛ける。

X1 ⟶ | Q | ⟶ Y　　　（例）4 ⟶ | Q | ⟶ 8
X2 ⟶ 　　　　　　　　　　　2

これらの2つの装置をつないで、図のような回路をつくった。入力信号X1、X2、X3、X4の組み合わせアからウのうち、Y＝0となるものはどれですか。

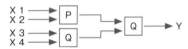

	アの場合	イの場合	ウの場合
X1	2	5	−8
X2	3	−2	8
X3	4	−1	2
X4	0	3	2

A アだけ　　B イだけ　　C ウだけ　　D アとイ　　E アとウ
F イとウ　　G アとイとウのすべて　　H すべて0にならない

問題2　　　　　　　　　　　　　　　　制限時間⏱90秒

下記の例のように整数を信号として入力したとき、以下のような規則で変化させる装置がある。

<P型>　　　　　　　　　　　　　　<Q型>

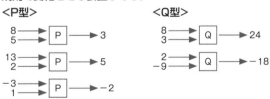

136

ほかに、R型は入ってきた数値が0であれば0、正の数であれば1、負の数であれば－1を出力する。これらの3つの装置をつないで、数値を入力した場合、Y＝0となるものはどれですか。

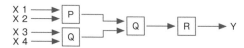

	アの場合	イの場合	ウの場合
X1	－5	－3	－7
X2	7	15	7
X3	－5	－1	4
X4	0	－3	4

A アだけ　　　B イだけ　　　C ウだけ　　　D アとイ

E アとウ　　　F イとウ　　　G アとイとウのすべて

Chapter1

21

非言語 ブラックボックス

解答＆解説

問題1…E　アとウ

❶装置に数値を入れて計算する
このような問題は、それぞれの場合を装置で確認してみる。

アの場合
P　2＋3＝5
1つ目のQ　4×0＝0
2つ目のQ　5×0＝0

イの場合
P　5＋(－2)＝3
1つ目のQ　(－1)×3＝－3
2つ目のQ　3×(－3)＝－9

ウの場合
P　－8＋8＝0
1つ目のQ　2×2＝4
2つ目のQ　0×4＝0

よって、Y＝0となるのは、アとウの場合である。

問題2…E　アとウ

❶装置の計算方法を確認する
装置Pは、8＋5＝13→3、13＋2＝15→5、－3＋1＝－2。両者の和の一の位の数を出す装置。
装置Qは8×3＝24、2×(－9)＝－18。両者を掛ける装置。

❷装置に数値を入れて計算する

アの場合
－5＋7＝2
(－5)×0＝0
2×0＝0　Rに0を入れると0

イの場合
－3＋15＝12→2
(－1)×(－3)＝3
2×3＝6　Rに6を入れると1

ウの場合
－7＋7＝0
4×4＝16
0×16＝0　Rに0を入れると0

ある数値を信号として入力したとき、以下のような規則で変化させる装置がある。

<P型> 0を入力すると1に、1を入力すると0になる。

(例) 0 ⟶ P ⟶ 1

<Q型>2つの信号を同時に入力し、少なくともどちらか一方が0の場合は0となる。2つの信号の両方が1の場合は1になる。

(例) 0⟶ / 1⟶ Q ⟶ 0

<R型>2つの信号を同時に入力し、少なくともどちらか一方が1の場合は1となる。2つの信号の両方が0の場合は0になる。

(例) 0⟶ / 1⟶ R ⟶ 1

これら3つの装置をつないで、図のような回路をつくった。入力信号X1、X2、X3、X4の組み合わせアからウのうち、Y＝0となるものはどれですか。

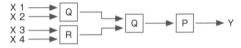

	アの場合	イの場合	ウの場合
X1	1	1	0
X2	1	0	0
X3	0	0	1
X4	1	0	0

A アだけ   B イだけ   C ウだけ   D アとイ   E アとウ
F イとウ   G アとイとウのすべて   H すべて0にならない

ある数値を入力したとき、次の例のような規則で出力する装置P、Qがある。右ページの図のような回路があり、Yにある数値を入力したところ、出力された数値は166であった。Yの数値として正しいものはどれですか。

（例）

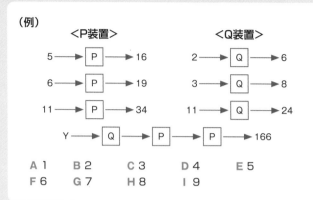

<P装置>

5 ⟶ P ⟶ 16

6 ⟶ P ⟶ 19

11 ⟶ P ⟶ 34

<Q装置>

2 ⟶ Q ⟶ 6

3 ⟶ Q ⟶ 8

11 ⟶ Q ⟶ 24

Y ⟶ Q ⟶ P ⟶ P ⟶ 166

A 1　　B 2　　C 3　　D 4　　E 5

F 6　　G 7　　H 8　　I 9

解答&解説

問題3…A アだけ

❶装置に数値を入れて計算する

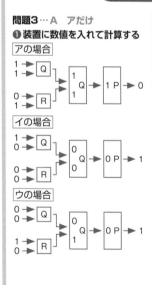

アの場合

1 ⟶ Q
1 ⟶

0 ⟶ R
1 ⟶

1
Q
1

⟶ 1 P ⟶ 0

イの場合

1 ⟶ Q
0 ⟶

0 ⟶ R
0 ⟶

0
Q
0

⟶ 0 P ⟶ 1

ウの場合

0 ⟶ Q
0 ⟶

1 ⟶ R
0 ⟶

0
Q
1

⟶ 0 P ⟶ 1

問題4…H 8

❶装置の計算方法を確認する

P装置……入力した数を3倍して1を加えた数が出力される。

Q装置……入力した数を2倍して2を加えた数（または1を加えて2倍した数）が出力される。

❷逆から計算する

Y ⟶ Q ⟶ P ⟶ P ⟶ 166
　　　C　　B　　A

A×3+1=166であるから、

A=（166−1）÷3=55

となる。

B×3+1=55であるから、

B=（55−1）÷3=18となる。

C×2+2=18であるから、

C=（18−2）÷2=8となる。

22 フローチャート

> **数式や記号で表わされた処理を正確に行なう**
>
> 出題パターンは2つ
> ●フローチャート中の処理方法を推定する
> ●フローチャートを使って計算する

例題1　　　　　　　　　　　　　　　　制限時間 ⏱ 2分40秒

ある企業では、資格手当として次の基準が設けられている。

1. 国家試験合格者には30000円を加算する。

2. 国家試験に合格はしていないが、経理の実務経験が5年以上の者には5000円を加算する。

3. 国家試験に合格はしていないが、1級合格者には3000円、2級合格者には2000円を加算する。

このとき、次の図に示すような方法で金額を決めるものとする。

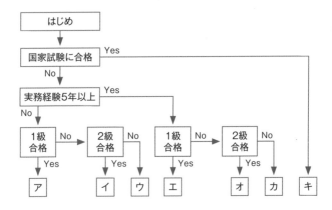

(1) オ に入る金額はいくらですか。

A 2000円　　B 5000円　　C 7000円　　D 8000円
E どれも該当しない

解き方のポイント

❶ フローチャートを確認する

オ は「国家試験に合格」の判定でNo、「実務経験5年以上」の
判定でYes、「1級合格」の判定でNo、
「2級合格」の判定でYesの箇所になる。
よって金額は5000円＋2000円＝7000円。

答え

C

---

(2) 入社5年目、32歳、男性、経理実務経験8年、1級合格者
は、ア～キのどの箇所に該当し、手当はいくらですか。

A ア 3000円　　　　B ア 5000円　　　C エ 7000円
D エ 8000円　　　　E オ 8000円

解き方のポイント

❶ 条件に沿って
　フローチャートを確認する

国家試験に合格していない実務経験5年以上の1級合格者
は、5000円＋3000円＝8000円で、エの箇所になる。

答え

D

問題1　　　　　　　　　　　　　　　　制限時間⊙1分40秒

ある文具店では消しゴムの割引について次のように決めている。

1. 消しゴムの販売総数が200個までは、1個x円の定価にて販売

2. 200個を超えて300個までのときは、200個を超えた個数分が定価の1割引きになり、あとは1に準じる

3. 300個を超える場合は、超えた個数分が定価の2割引きになり、あとは1、2に準じる

このとき下図に示すような計算で、消しゴムの販売総額Mを算出する。図中の[ア][イ][ウ]に入る値として適切なものを組み合わせているのはどれですか。

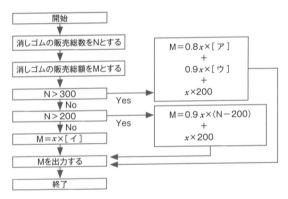

A ア…N　イ…N　ウ…200

B ア…N　イ…300　ウ…200

C ア…N−100 イ…N ウ…200

D ア…N−300 イ…N ウ…100

E ア…N−300 イ…300 ウ…100

F ア…200 イ…300−N ウ…200

G ア…N イ…300−N ウ…100

H AからGのどれでもない

問題2　　　　　　　　　　　　　　　　　制限時間⊙2分

次のフローチャートは与えられた2つの数X、Yについて、ある計算を実行している。

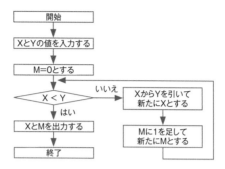

下記の問いに答えなさい。

X＝30、Y＝8としたとき、最終的に出力されたXとMの数値の組み合わせで正しいものはどれですか。

A X＝41　M＝4　　B X＝41　M＝3　　C X＝12　M＝4
D X＝12　M＝3　　E X＝5　　M＝4　　F X＝6　　M＝3

解答&解説

問題1 … D　ア … N−300
　　　　　　　　イ … N　ウ … 100

❶アの確認
販売総数Nが300を超えると2割引き（0.8×定価）となる。[ア]は300個を超えた個数分なので、算式に直すとN−300である。

❷イの確認
N＞200に対して、"No"ということはNが200以下であることを意味する。Nが200以下のときは、その定価x×販売総数Nが消しゴムの販売総額Mとなる。

❸ウの確認
ウは、1割引きの部分を計算しており、200個を超え300個までの100となる。

問題2 … F　X＝6　M＝3

❶X、Yに順次、数値を入れて計算する

問題の数値、X＝30、Y＝8で考えていく。

1回目の判断は30＞8なので「いいえ」→30−8＝22（新しいX）、M＝0＋1＝1

2回目の判断は22＞8で「いいえ」→22−8＝14（新しいX）、M＝1＋1＝2

3回目の判断は14＞8で「いいえ」→14−8＝6（新しいX）、M＝2＋1＝3

4回目の判断は6＜8で「はい」→X＝6、M＝3が出力される。

問題3

制限時間 ⏱ 1分30秒

ある企業で、前月の売上金額が700万円未満の場合は雑誌に広告を出す、700万円以上900万円未満の場合は顧客にダイレクトメールを出す、900万円以上の場合は街頭チラシを配布することにした。下図が広告戦略を決定するフローであるとき、ア、イに入るものを次の中から選びなさい。ただし、前月の売上金額をpとする。（単位・万円）

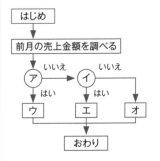

A ア…900≧p イ…700＞p
B ア…900＞p イ…700＞p
C ア…900≦p イ…700＜p
D ア…900＜p イ…700＜p
E ア…900≧p イ…700≧p
F ア…900＞p イ…700≧p
G ア…900≦p イ…700≦p
H ア…900＜p イ…700≦p

問題4

制限時間 ⏱ 2分40秒

ある会社は、コピーの使用料をその月の使用枚数に応じて契約している。1カ月の使用枚数が20000枚までは定額の30000円、20001〜30000枚は1枚当たり1.4円、30000枚超の枚数は1枚当たり1.2円である。その契約内容を以下の図で示すとき、次の設問に答えなさい。

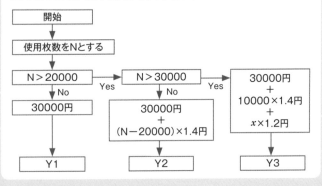

(1) 月の使用枚数が25830枚のときはどの箇所にいくらで出力されますか。

A Y1 30000円　　B Y2 8162円　　C Y3 28162円

D Y3 38162円　　E Y2 36996円　　F Y2 38162円

(2) xに入る値として適切なものは、以下のうちどれですか。

A N　　　　　　　　B N−20000　　　　　C N−30000

D 10000　　　　　 E 20000　　　　　　 F 30000

Chapter1
22
非言語 フローチャート

解答&解説

問題3…G　ア 900≦p　イ 700≦p

❶アの判断

フローチャートは、<円形>は判断を示し、<四角形>は作業内容を示している。

選択肢より、アの判断では、前月の売上が900万円以上であるか(はい)、900万円未満であるか(いいえ)を見ると考えられる。「以上」というときには、その数も含む(「未満」では、その数は含まれない)。

❷イの判断

次に、判断イでは、選択肢より、前月の売上金額が700万円以上か、700万円未満であるかを調べると考えられる。

❸選択肢を確認する

選択肢において、アでは、900万円以上であるか否かを判断するので、A・B・D・E・F・Hは消す。同様に700万円以上であるか否かを判断するイにおいても、「以上」なので「<」ではなく、

「≦」を用いなければならない。よって、Gが正解となる。

問題4 (1)

　　…F　Y2　38162円

❶使用枚数(N)と料金区分を比較する

使用枚数25830枚は最初の判断(N＞20000)がYesで、次の判断(N＞30000)はNoで、Y2の箇所に出力。金額は30000円＋(25830−20000)×1.4＝38162円

問題4 (2)…C　N−30000

❶xの計算方法を考える

xの計算箇所はN＞30000の判断がYes、料金計算は3段階である。定額30000円＋20000枚超30000枚までの10000枚が1.4円の計算。残りの30000枚超の枚数×1.2円の計算をするので(N−30000)×1.2円。

23 鶴亀算

> **ポイント** 問題文からデータを読み取り、
> 方程式をつくる
>
> ●連立方程式は
> 「代入法」と「加減法」の2つの方法から
> 方程式を解けるようにする

例題1　　　　　　　　　　　　　　　　　　制限時間 ⏱1分

1個150円のシュークリームと1個180円のケーキを合計15個購入したら、代金の合計は2400円だった。シュークリームは何個買いましたか。

| A 5個 | B 6個 | C 8個 | D 10個 | E 11個 | F 12個 |

解き方のポイント

❶ シュークリームの数をx、ケーキの数をyとして方程式を立てる

シュークリームの数をx、ケーキの数をyとし、以下の方程式を立てる。

① $x+y=15$個　　$y=15-x$　　← ケーキの数は、合計から
② $150x+180y=2400$円　　　　　シュークリームの数を引く

❷ 代入法で求める

①を②に代入して$150x+180(15-x)=2400$
$150x+2700-180x=2400$
$30x=300$
$x=10$ よってシュークリームは10個

答え
D

例題2   制限時間⏱1分

1個150円のりんごと1個200円のオレンジを合計18個購入したら、りんごの代金の合計がオレンジの代金の合計より250円高かった。りんごは何個買いましたか。

A 5個　　**B** 6個　　**C** 8個　　**D** 10個　　**E** 11個　　**F** 12個

解き方のポイント

❶ りんごの数をx、オレンジの数をyとして方程式を立てる

りんごの数をx、オレンジの数をyとし、以下の方程式を立てる。
①$x+y=18$個　　$y=18-x$……①'
②$150x-200y=250$円

> りんごの合計金額はオレンジの合計金額よりも250円高い

❷ 加減法で求める

$$\begin{cases} x+y=18 ……200倍する \\ 150x-200y=250 \end{cases}$$

$\quad\quad 200x+200y=3600$
$+)\ 150x-200y=\ \ \ 250$
$\quad\quad\quad 350x=3850$
$\quad\quad\quad\quad\quad x=11$ よってりんごは11個

答え
E

147

問題1
制限時間 ⊙ 1分

あるコンサートの入場料は大人が2000円、子供が800円である。18人が入場して代金は24000円だった。大人の数は何人ですか。

A 3人　　B 6人　　C 8人　　D 10人　　E 12人　　F 14人

問題2
制限時間 ⊙ 1分

50円切手と80円切手を合わせて30枚購入したところ、代金が2160円だった。50円切手は何枚購入しましたか。

A 5枚　　B 8枚　　C 12枚　　D 18枚　　E 20枚　　F 22枚

問題3
制限時間 ⊙ 1分

1本100円のボールペンと1冊150円のノートが、合わせて40個あり、合計金額は5100円だった。ボールペンとノートはそれぞれいくつずつありますか。

A ボールペン15本　ノート25冊
B ボールペン16本　ノート24冊
C ボールペン17本　ノート23冊
D ボールペン18本　ノート22冊
E ボールペン19本　ノート21冊
F ボールペン20本　ノート20冊
G AからFのいずれでもない

問題4
制限時間 ⊙ 1分20秒

Aさんは、会社の同僚25人にお土産を買って帰ることにした。500円のケーキと350円のゼリーを合わせて人数分買って、全部で10000円以内に抑えたい。このときケーキは何個まで買うことができますか。

A 5個　　B 6個　　C 7個　　D 8個　　E 9個　　F 10個

問題1…C 8人

❶連立方程式を立てる

大人の人数をx人、子供の人数をy人として、連立方程式を立てる。

$$\begin{cases} x+y=18人 \cdots\cdots ① & y=18-x \cdots\cdots ①' \\ 2000x+800y=24000円 \cdots\cdots ② \end{cases}$$

②に①'を代入

$2000x+800(18-x)=24000$円

$\qquad\qquad\qquad 1200x=9600$

$\qquad\qquad\qquad\qquad x=8$

問題2…B 8枚

❶連立方程式を立てる

50円切手の枚数をx枚、80円切手の枚数をy枚として、連立方程式を立てる。

$$\begin{cases} x+y=30枚 \cdots\cdots ① \\ 50x+80y=2160円 \cdots\cdots ② \end{cases}$$

①×80−②

$\qquad 80x+80y=2400$

$-)\underline{50x+80y=2160}$

$\qquad 30x\qquad\quad =240$

$\qquad\qquad x=8$

問題3…D ボールペン18本 ノート22冊

❶連立方程式を立てる

ボールペンの本数をx本、ノートの冊数をy冊とすると、条件より、

$$\begin{cases} x+y=40個 \cdots\cdots ① \\ 100x+150y=5100円 \cdots\cdots ② \end{cases}$$

①から$y=40-x\cdots\cdots ③$

③を②に代入して$100x+150(40-x)=5100$

$50x=900\quad x=18$

③に代入して $y=22$

問題4…D 8個

❶不等式を立てる

ケーキの個数をx個とする。

$500x+350(25-x)\leqq 10000$円

$500x-350x+8750\leqq 10000$円

$\qquad\qquad\qquad 150x\leqq 1250\qquad x\leqq 8\dfrac{1}{3}$

ケーキは8個まで買うことができる。

問題5　　　　　　　　　　　　　　制限時間⏱1分30秒

クラス全員に鉛筆を均等に配ろうと思い、初めに5本ずつ配った
ところ、1人だけ2本しか配ることができなかった。そこで1人に
つき2本ずつ減らして均等に配り終えると、今度は57本余った。
用意した鉛筆は全部で何本ですか。

A 145本　B 146本　C 147本　D 150本　E 151本　F 153本

問題6　　　　　　　　　　　　　　制限時間⏱1分30秒

500円玉と100円玉が合わせて何枚かあり、500円玉の枚数
は100円玉の枚数より5枚少なく、合計金額は3500円であ
る。100円玉の枚数は次のうちどれですか。

A 8枚　　　B 9枚　　　C 12枚　　　D 13枚
E 14枚　　　F 15枚　　　G 16枚　　　H AからGに正解なし

問題7　　　　　　　　　　　　　　制限時間⏱1分30秒

あるサークルがバスを借りて旅行をすることになった。バス料金
は大人2000円、子供1000円ずつ徴収した。しかし参加者が
予定より少なく、合わせて 68人だったので、徴収した金額はバス
のレンタル代金の80000円より少なかった。このとき、大人
の人数は最大何人ですか。

A 11人　B 12人　C 13人　D 14人　E 15人　F 16人

問題8　　　　　　　　　　　　　　制限時間⏱1分30秒

ある学校の文化祭に参加した人数は全部で400人（男子生徒、
女子生徒、教師・保護者の男性・女性）で、そのうち男性は160
人、教師・保護者の女性は20人であった。また、生徒の人数は
教師・保護者の人数の4倍だった。このとき、男子生徒は何人で
すか。

A 60人　B 70人　C 80人　D 90人　E 100人　F 120人

問題5…C 147本

❶5本ずつ配ったときの式を立てる

クラスの人数をx人とし、鉛筆の本数に注目して方程式を立てる。5本ずつ配ったときの鉛筆の本数は$5(x-1)+2$

❷3本ずつ配ったときの式を立てる

3本ずつ配ったときは$3x+57$

❸クラスの人数を求める

用意した鉛筆の本数に変わりはないから

$5(x-1)+2=3x+57$

$x=30$人

❹鉛筆の本数を計算する

鉛筆の本数は❸の方程式の右辺に代入して$3×30+57=147$本となる。

問題6…H AからGに正解なし

❶方程式を立てる

500円玉の枚数をx枚、100円玉の枚数をy枚とすると、100円玉は500円玉より5枚多いので、

$y-x=5$……①

金額について、

$500x+100y=3500$……②

①から $x=y-5$

②に代入してyを計算する。

$500(y-5)+100y=3500$

$600y=3500+2500$

$600y=6000$

$y=10$

従って、100円玉の枚数は10枚である。

問題7…A 11人

❶不等式を立てる

参加した大人の人数をx人とする。

$2000x+1000(68-x)$
<80000円

両辺を1000で割る。

$2x+68-x<80$

$x<80-68$

$x<12$

大人の数は12人より少ないと分かる。

問題8…E 100人

❶連立方程式を立てる

男子生徒の人数をx人、女子生徒の人数をy人、教師・保護者の男性の人数をz人とする。

問題文から、

$$\begin{cases} x+z=160 ……① \\ x+y+z+20=400 ……② \\ x+y=4(z+20) ……③ \end{cases}$$

③を②に代入

$4(z+20)+z+20=400$

$4z+80+z+20=400$

$z=60$……④

④を①に代入

$x+60=160$

$x=100$

以上より、男子生徒の数は100人となる。

24 年齢算

> **ポイント** 問われている年齢を x にして計算式をつくる

●経過した年数を x にする

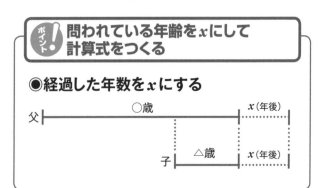

例題1　　　　　　　　　　　　　　　　　　制限時間 ⏱ 45秒

現在、母は44歳で、子供の年齢は8歳である。母の年齢が子供の年齢の4倍になるのは、何年後ですか。

A 1年後　B 2年後　C 3年後　D 4年後　E 6年後　F 7年後

解き方のポイント

❶ 年数を x として方程式を立てる

$$44+x=(8+x)\times 4$$
$$44+x=32+4x$$
$$3x=12 \qquad x=4$$

> 母親の年齢 $+x$ は、子供の年齢 $+x$ の4倍

答え
D

例題2　　　　　　　　　　　　　　　　　　制限時間 ⏱ 45秒

現在、父は67歳で、子供の年齢は39歳である。父の年齢が子供の年齢の3倍だったのは、何年前ですか。

解き方のポイント

❶ 年数を x として方程式を立てる

x 年前に父親の年齢が息子の年齢の3倍の方程式を立てる。

$67-x=(39-x)\times3$

$67-x=117-3x$

$3x-x=117-67$

　　$2x=50$　　$x=25$

答え

例題3　　　　　　　　　　　　　　　　　　制限時間⏱1分20秒

現在、両親2人の年齢の和は子供の年齢の12倍である。2年前には16倍であったとすると、2年前の子供の年齢は何歳ですか。

A 4歳　　B 5歳　　C 6歳　　D 7歳　　E 8歳　　F 9歳

解き方のポイント

❶ 連立方程式を立てる

現在の両親の年齢の和を x、子供の年齢を y とする。

$$\begin{cases} x=12y \cdots\cdots\cdots\cdots\cdots\cdots\cdots\cdots① \\ x-(2人\times2年)=16(y-2年) \cdots\cdots② \end{cases}$$

②より、$x-4=16y-32$

$x-16y=-28$

これに①を代入すると

$12y-16y=-28$

　　　　$4y=28$

　　　　　$y=7$

2年前は $7-2=5$ 歳

答え

練習問題

問題1
制限時間⊙1分

私の父親は母親より6歳年上で、4年後には弟の年齢の2倍になる。母親の年齢が現在38歳だとすると、現在の弟の年齢はいくつになりますか。

　A 17歳　　B 19歳　　C 20歳　　D 21歳　　E 23歳

問題2
制限時間⊙1分20秒

現在、両親の年齢の和は子供の年齢の6倍である。5年前には10倍であったとすると、10年後には何倍になりますか。

　A 6.5倍　　B 6倍　　C 5.5倍　　D 5倍　　E 4倍

問題3
制限時間⊙1分30秒

父と母と息子の3人がいる。父は母より8歳年上で、8年後には父の年齢は息子の年齢の2倍になり、9年前には母の年齢は息子の年齢の3倍であった。父と母の年齢の和が息子の年齢の4倍になるのは何年後ですか。

　A 3年後　　B 4年後　　C 6年後　　D 8年後　　E 10年後

問題4
制限時間⊙1分30秒

佐藤家は5人家族(父・母・長男・次男・長女)である。父は母より8歳年上で、現在、父の年齢は子供3人の年齢の和に等しい。父と母の年齢の和が3人の子供の年齢の和にちょうど等しくなるのは、次のどの年数が経過したときですか。

　A 現在の父の年齢と等しい年数
　B 現在の母の年齢と等しい年数
　C 現在の3人の子供の年齢の和に等しい年数
　D 現在の父と母の年齢の和に等しい年数
　E 現在の家族全員の年齢の和に等しい年数

問題1 … C　20歳

❶4年後の父親と弟の年齢を求める

現在、父親の年齢は44歳であり、4年後には48歳になる。このときの弟の年齢は父親の $\frac{1}{2}$ なので、$48 \times \frac{1}{2} = 24$ 歳になっている。

❷現在の弟の年齢を求める

$24 - 4 = 20$ 歳である。

問題2 … E　4倍

❶現在の年齢で方程式を立てる

現在の両親の年齢の和を x 歳、子供の年齢を y 歳とすると

$$\begin{cases} x = 6y \\ x - (2 \times 5) = 10(y - 5) \end{cases}$$

これを解いて、$x = 60$、$y = 10$

❷10年後の計算をする

$\{60 + (2 \times 10)\} \div (10 + 10)$
$= 4$

問題3 … B　4年後

❶方程式を立てる

現在の父の年齢を x 歳、母の年齢を y 歳、息子の年齢を z 歳とする。

$$\begin{cases} x = y + 8 \cdots\cdots ① \\ x + 8 = 2(z + 8) \cdots\cdots\cdots ② \\ y - 9 = 3(z - 9) \cdots\cdots\cdots ③ \end{cases}$$

①を②に代入：$y = 2z$ ……… ④
④を③に代入：$z = 18$ ……… ⑤
⑤を②、④へそれぞれ代入する。
$x = 44$、$y = 36$

❷年数を計算する

父と母の年齢の和が息子の年齢の4倍になるのを a 年後とすると

$44 + a + 36 + a = 4(18 + a)$
よって $a = 4$

問題4 … B　現在の母の年齢と等しい年数

❶5人の年齢で方程式を立てる

現在の父・母・子供3人の年齢を A、B、C、D、E で、経過年数を x で表し、分かっていることや条件を式に表す。

$A = B + 8 = C + D + E \cdots\cdots\cdots ①$
$A + B + 2x = C + D + E + 3x$
$\cdots\cdots\cdots ②$

②に①を代入
$A + B + 2x = A + 3x$
$A - A + B = 3x - 2x$
$\qquad B = x$

❷選択肢を確認する

必要な経過年数（x）は現在の母の年齢（B）と等しい。

25 仕事算

 基本公式に数値を入れて計算する

● 1日（時間）当たりの仕事量 ＝ $\dfrac{1}{\text{所要日数（時間）}}$

● 仕事量 ＝
　1日（時間）当たりの仕事量 × 働いた日数（時間）

例題1　　　　　　　　　　　　　　　　　制限時間⏱30秒

ある仕事を1人で終えるのにaは10時間、bは6時間、cは15時間かかる。3人が一緒に2時間働いた場合の仕事量を求めなさい。

A $\dfrac{1}{3}$　　B $\dfrac{1}{2}$　　C $\dfrac{2}{3}$　　D $\dfrac{3}{5}$　　E $\dfrac{5}{6}$　　F $\dfrac{7}{8}$

解き方のポイント

❶各人の1時間の仕事量を 求めて、合計する

各人の1時間の仕事量は、a＝$\dfrac{1}{10}$、b＝$\dfrac{1}{6}$、c＝$\dfrac{1}{15}$

a、b、cの3人が一緒に働くと、1時間の仕事量は合計して

$\dfrac{1}{10} + \dfrac{1}{6} + \dfrac{1}{15} = \dfrac{3}{30} + \dfrac{5}{30} + \dfrac{2}{30} = \dfrac{10}{30} = \dfrac{1}{3}$ となる。

本問では3人が2時間働いた場合なので、

2時間の仕事量は $\dfrac{1}{3} × 2$時間 ＝ $\dfrac{2}{3}$

答え
C

例題2 制限時間⏱30秒

例題1で、3人が一緒に働いた場合は何時間で終わりますか。

A 3時間 B 4時間 C 6時間 D 7時間

E 8時間 F 9時間

解き方のポイント

3人が一緒に働くと、1時間の仕事量は例題1から
$\frac{1}{3}$。従って、全体の仕事量(1)÷$\frac{1}{3}$＝3時間

答え

A

例題3 制限時間⏱45秒

例題1において、3人で2時間働いた後、残りをaが1人でやった。
aは全部で何時間働いたか求めなさい。

A 3時間 B $4\frac{2}{3}$時間 C $5\frac{1}{3}$時間 D $9\frac{1}{3}$時間

E 11時間 F 12時間

解き方のポイント

❶ 残りの仕事量を計算する

例題1より、3人での2時間の仕事量は$\frac{2}{3}$だから、
残りの仕事量は$1 - \frac{2}{3} = \frac{1}{3}$

❷ aの仕事時間を計算する

その残りの仕事量をaが1人(1時間の仕事量$\frac{1}{10}$)で行なう。

$\frac{1}{3} \div \frac{1}{10} = 3\frac{1}{3}$時間

3人で働いた2時間を忘れずに足して

$3\frac{1}{3} + 2 = 5\frac{1}{3}$時間

答え

C

問題1
制限時間⊙30秒

ある仕事をA氏が1人ですると50日かかり、同じ仕事をB氏が1人ですると30日かかる。A氏とB氏が一緒に仕事をした場合の1日の仕事量を求めなさい。

A $\frac{2}{5}$　B $\frac{4}{75}$　C $\frac{2}{25}$　D $\frac{8}{75}$　E $\frac{3}{25}$　F $\frac{11}{75}$

問題2
制限時間⊙45秒

ある仕事をするのにA 1人では6日かかり、B 1人では9日かかる。この仕事を2人で一緒にすると何日かかりますか。

A 2日　B 3日　C 4日　D 5日　E 6日　F 7日

問題3
制限時間⊙45秒

Aが1人で行なうと6時間、Bが1人で行なうと12時間かかる仕事がある。Aが1人で2時間働いた後、残りをBが1人で働いて仕上げた。Bは仕事を終了するのに、何時間働きましたか。

A 4時間　B 5時間　C 6時間　D 7時間　E 8時間　F 9時間

問題4
制限時間⊙1分

ある水槽に水を入れ満杯にするのに、A管のみでは4時間、B管のみでは6時間、C管のみでは12時間かかる。また、この水槽満杯の水を空にするのにD管を使うと6時間かかる。今、すべての管を開放すると、この水槽は何時間で満杯になりますか。

A 0.8時間　B 1時間　C 1.5時間　D 2時間　E 3時間　F 4時間

問題5
制限時間⊙1分20秒

テストの採点を20日間で終わらせなければならない。15人で10日間かかって $\frac{1}{3}$ しか終わっていない。残りの日数で採点を終わらせるためには何人で行なえばよいでしょうか。ただし、1日1人当たりの仕事量は同じとする。

A 20人　B 22人　C 24人　D 30人　E 34人　F 35人

解答&解説

<基本公式>
全体の仕事量を1とした場合の

$$1時間の仕事量 = \frac{1}{仕事時間}$$

全体の仕事時間
=1÷1時間の仕事量

問題1…B $\frac{4}{75}$

❶ A氏とB氏の仕事量を合計する

全体の仕事量を1とすると、

A氏がする1日当たりの仕事量は$\frac{1}{50}$

B氏がする1日当たりの仕事量は$\frac{1}{30}$

A氏、B氏が一緒に仕事をするので、

$$\frac{1}{50}+\frac{1}{30}=\frac{8}{150}=\frac{4}{75}$$

問題2…C 4日

❶ 1日当たりの仕事量を求める

仕事全体の量を1とすると、Aは

1日当たり$\frac{1}{6}$、Bは1日当たり$\frac{1}{9}$

の仕事をすることになる。

❷ 仕事日数を求める

2人一緒だと1日当たり

$$\frac{1}{6}+\frac{1}{9}=\frac{5}{18}の仕事をする。$$

$$1÷\frac{5}{18}=1×\frac{18}{5}=3\frac{3}{5}$$

よって、4日かかる。

問題3…E 8時間

❶ Aの仕事量を求める

全体の仕事量を1とした場合

Aの1時間の仕事量は$\frac{1}{6}$、Bは$\frac{1}{12}$

A1人で2時間行なった仕事量は
全体の

$$2×\frac{1}{6}=\frac{1}{3}$$

❷ Bの仕事時間を求める

残り$\frac{2}{3}$をBが1人ですると、

$$\frac{2}{3}÷\frac{1}{12}=8時間$$

問題4…E 3時間

**❶ 1時間当たりの給水量と排水量
を求める**

Aが$\frac{1}{4}$、Bが$\frac{1}{6}$、Cが$\frac{1}{12}$

これを合計すると、$\frac{30}{60}$となる。

同様にD管の1時間の排水量は

$\frac{1}{6}$である。

❷ 満杯になる時間を求める

すべての管を開放すると、
1時間に

$$\frac{30}{60}-\frac{1}{6}=\frac{2}{6}=\frac{1}{3}ずつ水が$$

貯まる。

水槽の容量を1とすると、

$$1÷\frac{1}{3}=3時間で満杯になる。$$

問題5…D 30人

**❶ 1日1人当たりの仕事量を求
める**

$$\frac{1}{15}×\frac{1}{10}×\frac{1}{3}=\frac{1}{450}$$

❷ 必要な人数を求める

1人当たりの仕事量と残り日数、
残りの仕事量から、残りの仕事
を終わらせるのに必要な人数
をx人とすると、

$$x×\frac{1}{450}×10日=\frac{2}{3}$$

$$x=\frac{90}{3}=30人$$

Chapter1

25

非言語

仕事算

容積が30キロリットルの水槽に水を入れ、最初にX管で4時間入れた後、Y管で3時間入れると満水になった。また、X管で3時間入れた後に、Y管で5時間入れても満水になる。X管とY管を同時に使って水を入れると、この水槽は何時間何分で満水になりますか。

A 1時間10分　　B 2時間　　　　C 3時間
D 3時間40分　　E 4時間20分　　F 4時間45分

20日で仕上げなければならない仕事を、初めは10人で行なっていたが、14日経っても全体の$\frac{2}{5}$の仕事しかできなかった。予定日までに完成させるためには、あと何人増やせばよいでしょうか。ただし、1日1人当たりの仕事量は同じとする。

A 21人　B 22人　C 23人　D 24人　E 25人　F 26人

解答&解説

問題6…D　3時間40分

❶連立方程式を立てる

X管の給水量を毎時xキロリットル、Y管の給水量を毎時yキロリットルとする。

$$\begin{cases} 4x+3y=30 \\ 3x+5y=30 \end{cases}$$

$x=\dfrac{60}{11}$、　$y=\dfrac{30}{11}$

❷満水時間を求める

X管とY管を使って満水になるまでの時間をz時間とすると、

$$\frac{60}{11}z+\frac{30}{11}z=30$$

$z=3\dfrac{2}{3}$　　よって、3時間40分

問題7…E　25人

❶1日1人当たりの仕事量を求める

$$\frac{1}{10}\times\frac{1}{14}\times\frac{2}{5}=\frac{1}{350}$$

❷増やす人数を求める

残り6日で終わらせるのに必要な人数をx人とすると、

$$x\times\frac{1}{350}\times6(日)=\frac{3}{5}$$

$6x=210$

$x=35$

増やす人数は

$35-10=25$人

Chapter 2

言語

　新卒採用試験で一番多く実施されている
ペーパーテスティング『SPI-U』では、言語分
野(検査Ⅰ)の制限時間は30分で40問が出題
されます。問題の構成は「2語の関係」「語の意
味」などが25問と、「長文読解」の空欄補充、文
章整序、趣旨把握などが15問出題されます。

| 対策 1 | 日ごろから語彙数を
増やしておく! |

| 対策 2 | 「2語の関係」は
記号(>、<、→、←)で解決! |

| 対策 3 | 「語の意味」は
同じ漢字と消去法を使う! |

| 対策 4 | 長文問題は設問確認から! |

1 2語の関係

与えられた2語の関係を見極める

◉2語の関係のパターンを素早く見抜く
◉2語の関係が左右逆のものに注意する
◉正しい選択肢は1つとは限らない
◉主な関係のパターンを覚えておく

解き方のポイント

　2語の関係は、左右の単語の意味・用法・役割などをよく理解し、その関係を答えさせるSPI検査独特の問題。語彙力のほかに、素早く関係をつかむ判断・推理力も試されている。出題される2語の関係には、以下の①〜⑤などがある。

① 包含の関係	AはBの一種である	A＜B
② 用途の関係	CをDに用いる	C→D
③ 原料の関係	EがFの原料になる	E→F
④ 部分の関係	GはHの一部である	G＜H
⑤ 仕事の関係	IはJの仕事をする	I→J

　次のような点を心掛けて学習しよう。

■上にあげた①〜⑤の、どのパターンであるかを素早く見抜くために、数多くの練習問題を繰り返す。重要なことは、左右の並び方（左＜右など）を正確に見極めること。

■原料や用途については、多少の知識が必要な場合もあるので、身の回りにある製品などについて、その原料・用途を簡潔な語で言えるようにしておくとよい。

練習問題

問題1

例に示した2語と同じ関係になっている対を選びなさい。

(例)柔道：格闘技

　　ア　文字：アルファベット

　　イ　パソコン：文書作成

　　ウ　将棋：ゲーム

A アだけ　　　B イだけ　　　C ウだけ　　　D アとイ

E アとウ　　　F イとウ

問題2

例に示した2語と同じ関係になっている語を選びなさい。

(例)自動車：エンジン

　　サッカー場：□□□□

A 試合　　　B ゴール　　　C 応援　　　D 観戦　　　E 入場券

解答&解説

問題1…C　ウだけ

(例)の左側の柔道と、右側の格闘技は、柔道が格闘技の一種なので「包含」の関係。左右の並び方も確認しておこう。柔道＜格闘技になる。選択肢アは、同様に包含の関係だが、文字＞アルファベットの並び方で、(例)とは逆。イは、文書作成にパソコンを用いるので、用途の関係。ウは、将棋はゲームの一種なので包含の関係。並び方は将棋＜ゲームで(例)と同じ。よって、Cを選ぶ。

問題2…B　ゴール

(例)の右側のエンジンは、左側の自動車の一部なので、「部分」の関係。自動車＞エンジンの並び方である。同様にサッカー場の一部であるのは、Bのゴールだけである。サッカー場＞ゴールで、左右の並び方も(例)と同じである。Aの試合は、用途の関係になる。空欄形式の問題でも、左右の並び方に注意すること。

問題3

例に示した2語と同じ関係になっている対を選びなさい。

(1)(例)ほうき：掃除

    ア　書棚：収納

    イ　うどん：小麦粉

    ウ　照明：電球

A アだけ　　　B イだけ　　　C ウだけ　　　D アとイ
E アとウ　　　F イとウ

(2)(例)飲み物：オレンジジュース

    ア　和菓子：せんべい

    イ　はさみ：裁縫道具

    ウ　テレビ：マスメディア

A アだけ　　　B イだけ　　　C ウだけ　　　D アとイ
E アとウ　　　F イとウ

(3)(例)スーツ：胸ポケット

    ア　のぞみ：新幹線

    イ　絵はがき：旅行土産

    ウ　トラック：エンジン

A アだけ　　　B イだけ　　　C ウだけ　　　D アとイ
E アとウ　　　F イとウ

(4)(例)観覧席：野球場

    ア　ホップ：ビール

    イ　目盛り：ものさし

    ウ　焼香：弔意

A アだけ　　　B イだけ　　　C ウだけ　　　D アとイ
E アとウ　　　F イとウ

問題3（1）…A　アだけ

（例）のほうきは掃除に用いるので「用途」の関係。ほうき→掃除と表す。アも「用途」の関係で、書棚→収納と、左右の並び方も（例）と同じ。イは「原料」の関係。ウは「用途」の関係だが、照明←電球と、左右の並び方が（例）とは逆である。

問題3（2）…A　アだけ

（例）の右側のオレンジジュースは左側の飲み物の一種なので「包含」の関係。飲み物＞オレンジジュースと表す。アの右側のせんべいは左側の和菓子の一種で、「包含」の関係であり、左右の並び方も（例）と同じ。イも「包含」の関係であるが、はさみ＜裁縫道具と、左右の並び方が（例）とは逆。ウも「包含」の関係だが、これもテレビ＜マスメディアと、左右の並び方が（例）とは逆である。

問題3（3）…C　ウだけ

（例）の右側の胸ポケットは、左側のスーツの一部なので「部分」の関係である。スーツ＞胸ポケットになる。アののぞみは新幹線の一種なので「包含」の関係。イも「包含」の関係。ウは「部分」の関係で、トラック＞エンジンとなり、左右の並び方も（例）と同じである。

問題3（4）…B　イだけ

（例）の左側の観覧席は、右側の野球場の一部なので「部分」の関係である。観覧席＜野球場の並び方。アの右側のビールは左側のホップを原料の一つとしているので「原料」の関係。イの左側の目盛りは右側のものさしの一部なので「部分」の関係。目盛り＜ものさしと、左右の並び方も（例）と同じ。ウは「用途」の関係。

問題4

例に示した2語と同じ関係になっている語を選びなさい。

(1) (例)レンズ：カメラ
　　　　　キーボード： ▢

　A 入力
　B パソコン
　C テンキー
　D シフトキー
　E マウス

(2) (例)豆腐：大豆
　　　　　セメント： ▢

　A 建築材料
　B 土砂
　C コンクリート
　D ビルディング
　E 石灰石

(3) (例)小説家：創作
　　　　　医師： ▢

　A 免許
　B 医学部
　C 学会
　D 治療
　E 聴診器

(4) (例)チェロ：演奏
　　　　　朱肉： ▢

　A 捺印
　B スタンプ
　C 紅色
　D 銀行
　E 書類

(5) (例)けん玉：玩具
　　　　　西部劇： ▢

　A 拳銃
　B ハリウッド
　C 映画
　D 時代劇
　E 馬車

(6) (例)自転車：ペダル
　　　　　マンション： ▢

　A 居住
　B 補修
　C 高層
　D ベランダ
　E 引越し

問題4 (1) … B　パソコン

(例)の左側のレンズは、右側のカメラの一部なので、「部分」の関係。この場合、右が大きなもの(本体)で、左側が小さなもの(本体の一部)である。キーボードは、パソコンの一部なのでBが正解。CのテンキーやDのシフトキーは、キーの一つ(または種類)である。(例)の左右の並び方と同様の関係になるものを選ばなければならない。

問題4 (2) … E　石灰石

(例)の左側の豆腐は、右側の大豆を原料にするので、「原料」の関係。同様に、セメントはEの石灰石を原料にする。Cのコンクリートはセメントが原料で、並び方が逆である。

問題4 (3) … D　治療

(例)の左側の小説家は、右側の創作(小説などの作品を執筆すること)を職業とするので「仕事」の関係。同様に、医師の仕事は治療である。その他の選択肢も医師に関連するが、例えばCの「学会」は、医師が参加するものではあるが、本来の最も中心となる業務とはいえない。「仕事」の関係は、その職業に携わる人の主たる業務をいわなければならないことに注意しておこう。

問題4 (4) … A　捺印

(例)の左側のチェロは、右側の演奏のために用いるので、「用途」の関係である。チェロ→演奏の並び方になる。朱肉の用途は捺印なので、Aが答えになる。語の並び方も朱肉→捺印と、(例)と同じである。

問題4 (5) … C　映画

(例)の左側のけん玉は、右側の玩具の一種なので「包含」の関係。けん玉<玩具の並び方。西部劇はCの映画の一種で、西部劇<映画と並び方も同じである。

問題4 (6) … D　ベランダ

(例)の右側のペダルは、左側の自転車の一部なので、「部分」の関係。同様にマンションの一部であるのは、Dのベランダである。Aの居住は、用途の関係になる。

2 | 語句の意味

 同じ漢字やイメージが似ている語句に注意する

● 語句の正しい意味をできるだけ多く覚える
● 似た語句や、一字だけ同じ漢字を使っているものに惑わされない

解き方のポイント

　与えられた問題文を熟読し、その語句の使われ方を検討する。選択肢の吟味も重要である。同じ漢字が一部使われているものや、同音語にも注意する。紛らわしい選択肢が並べられていることが多いので、惑わされずに、正しいと思うものを信念を持って選ぼう。

　多義語とは、1つの語に、複数の使い方がある言葉のこと。同じ発音でありながら別の言葉である、同音異義語や同訓異義語と混同しないように注意する。例えば、「はく」と発音する動詞では、「履く、吐く、掃く、穿く」などがあるが、これらの語は多義語ではなく、同訓異義語である。ただし、これらの同音異義語や同訓異義語も出されることは多いので、対策は怠らないようにしておこう。

　また、多義語は、ほとんどの語が日常よく使われる言葉である。本来の意味から、別の用法が派生して多義語になったものが多く見られるので、日ごろから意識的に意味に注意を払っておくことが重要だ。

練習問題

問題1

次の文の意味として最も適切なものを選びなさい。

あっさりとしていて、名誉や利益などに執着しないさま。

A 暢気   B 隠遁   C 粗野   D 律義

E 狡猾   F 恬淡   G 貪欲

問題2

次の語の意味として最も適切なものを選びなさい。

しおらしい

A 控えめで可憐である   B 華やかで優美である

C 年数が経過して古い   D 味つけが濃くてまずい

E 弱小で頼りない

解答&解説

問題1 … F　恬淡
「恬淡」は「てんたん」と読む。「無欲」と同義語。Aは「のんき」、Bは「いんとん」(世俗を離れて暮らすこと)、Cは「そや」、Dは「りちぎ」、Eは「こうかつ」(悪賢いこと)、Gは「どんよく」(欲深いこと)。

問題2 … A　控えめで可憐である
「しおらしい」は、控えめで可憐であること、かわいらしいこと、けなげで殊勝なことなどを表す形容詞である。「毎日庭の掃除をするとはしおらしい行為だ」などと用いる。

問題3

次の語の意味として最も適切なものを選びなさい。

うがつ

A 穴を開ける
B 議論する
C 腰をぬかす
D 見落とす
E あきらめる

問4

次の文の意味として最も適切なものを選びなさい。

物事が、次第に進行していく様。

A 暫時
B 変化
C 変貌
D 漸次
E 徐行
F 微増
G 指呼

問題5

同じ意味の語の組み合わせを選びなさい。

A 没頭－没落
B 干渉－放任
C 利得－会得
D 納得－賛成
E 陽気－快活
F 消滅－存亡
G 矛盾－咀嚼

問題3…A　穴を開ける

「点滴石を穿つ（うがつ）」ということわざは、雨垂れが、それを受ける石に少しずつ穴を開けるように、小さな努力を積み重ねれば、大きな成果を得ることができるという意味である。

問題4…D　漸次

A　暫時 → しばらくの間。
B　変化 → 状態や位置が変わること。
C　変貌 → 姿を変えること。
D　漸次 → だんだん。しだいに。
E　徐行 → 速力をゆるめて進むこと。
F　微増 → ごくわずかに増えること。
G　指呼 → 呼べば答えるほど近いこと。

Aは「ざんじ」、Dは「ぜんじ」。読み方を混同せず、正確に覚えておく。

問題5…E　陽気−快活

A　没頭−没落 → 物事に集中する−落ちぶれる。
B　干渉−放任 → 他人のことに立ちいって関係する−かまわずに、なるがままにしておく。
C　利得−会得 → 得た利益−よく理解して自分のものにすること。
D　納得−賛成 → 他人の行動や考え方を理解し、もっともだと思うこと−他人の意見に同意すること。
E　陽気−快活 → ともに、性質が明るく元気でほがらかな様。
F　消滅−存亡 → 消えてなくなる−続くか滅びるかということ。
G　矛盾−咀嚼 → つじつまが合わないこと−かみくだく。

問題6

はじめにあげた語と意味が最も近いものを選びなさい。

(1)器量

A 容積
B 容態
C 容貌
D 容認
E 容疑

(2)微小

A 拡大
B 縮小
C 弱小
D 精密
E 些細

問題7

はじめにあげた語と意味や語法が反対のものを選びなさい。

(1)外交

A 交渉
B 戦争
C 断絶
D 内部
E 内政

(2)おっしゃる

A 申し上げる
B 言う
C 頼む
D 打ち明ける
E 聞く

問題8

下線部の語と最も意味が近い語を含むものを選びなさい。

相手チームの挑戦はうけてたつ。

A この店のうどんは注文をうけてからゆでる。
B この世に生をうけてはや二十数年が過ぎた。
C とても大きいショックをうけて立ち上がれない。
D 直射日光をうけてしまった。
E 雨が漏れるのでバケツでうける。
F みごとに金賞をうけた。
G 台風でたいへんな被害をうけた。

問題6 (1) … C　容貌

「器量」と「容貌」は、ともに顔立ち、顔つきのこと。「容積」は、器物の中の容量。「容態」は、外から見て取れる様子。顔に限定しない。「容認」は、それでよいとして認めること。「容疑」は、罪を犯したという疑い。

問題6 (2) … E　些細

「微小」と「些細」は、非常に小さく細かいこと。「拡大」は、広げて大きくすること。「縮小」は、小さく縮めること。「弱小」は、弱くて小さいこと。「精密」は、非常に細かい点にまで注意深く及んでいること。

問題7 (1) … E　内政

「外交」は、外国との交際や交渉。反対語は「内政」で、国内の政治。「交渉」は、相手と話し合いをして取り決めようとすること。「戦争」は、国家間で武力を用いて争うこと。「断絶」は、交際や系統が切れて途絶えること。「内部」は、内側のこと。

問題7 (2) … A　申し上げる

「おっしゃる」は「言う」の尊敬語。目上の人や相手の動作に用いる。尊敬語の反対語は謙譲語で、「言う」の謙譲語は「申し上げる」。自分や身内の動作に用いる。

問題8 … A　この店のうどんは注文をうけてからゆでる。

下線部とAは、自分に向けられた行為などに対して、肯定的に応じること。Bは、自分の身に授かること。CとGは、ほかからこうむること。Dは、そこに身をさらすこと。Eは、移動するものを受け止めること。Fは、手に収めること。

3 長文読解問題

 本文を「論理的」に読解する

● **本文を通読する前に問題に目を通す**
● **空欄補充の問題は、前後の文脈から考える**
● **指示語の示す内容は、その直前にあることが多い**
● **内容合致の問題は本文にあるものだけが正解**

解き方のポイント

　1語ずつ丁寧に読み進めて、全体の趣旨を把握することはもちろん、細部に至るまで、そこに述べられている事柄を見逃さず、正確にとらえることが大切である。そのうえで、問題で問われている箇所が、本文中のどの部分と対応するのか、見抜かなければならない。そのためには、本文を通読する前に問題に目を通しておくことも1つの方法である。

　選択肢の吟味に当たっては、一般的な常識に頼らず、本文に確実に述べられているかどうかを、アンダーラインなどを引いて、慎重に検討する。大学入試などではあまり見られない、正解の選択肢が複数ある問題もあるので、十分な注意が必要だ。

　学習方法としては、大学受験などの国語と同様に、「文章を読む→問題の意味をよく理解し、本文と照合しながら解答する→よく見直しをする」というパターンの練習を繰り返していくことが重要。文章・問題の意味を正確にとらえていく学習がおすすめだ。

練習問題

問題1 制限時間⏰1分

次の文章を読んで、あとの問いに答えなさい。

　胃の具合が悪いとか、腸が弱いとかいうのは、背が高いとか口が大きいとかいうのとあまり違わない。背の高さや口の大きさは、その人のもちまえであって、他人のものと取り替えられない。病気の人は、悪いところのある自分の体を取り替えのきかない自分の体として認めるところから出発しなければならない。健康体と比べれば病気の体であるが、それがその人の普通の状態だと思えば、あえて強く病人を意識することもない。まず、<u>条件を条件としてはっきり見定めること</u>。それを意識にとどめておいて、注意を怠らず行為すること。次の段階で、病気の肉体が耐えうるぎりぎりの線まで行為すること。つまり、絶対安全の圏内に自分を閉じ込めておくと萎縮して体の自由が失われ、ひいては病気に負けることになる。

文中の下線部の意味として適切なものを選びなさい。

　　ア　悪い体を、取り替えのきかないものと認めること。
　　イ　心配は無用と思って、病気のことを考えないこと
　　ウ　自分が病人であることをあえて強く意識すること。
　　エ　健康を取り戻すために、肉体を鍛えること。
　　オ　常に少しずつ無理をしてスリルを楽しむこと。

A　ア　　　　B　イ　　　　C　ウ　　　　D　エ　　　　E　オ

解答&解説

問題1 … A　ア
下線部の「条件」は、「病人であること」。病人であることを「はっきり見定める」とは、下線の前に述べられている「悪いところのある自分の体を取り替えのきかない自分の体として認めるところから出発」することになる。

次の文章を読んで、あとの問いに答えなさい。

　現在進行している地球温暖化の状況については、世界の年平均地上気温の平年差から見ることができます。IPCC（気候変動に関する政府間パネル）の第4次評価報告書によれば、長期的には100年当たり0.74℃の割合で上昇しており、特に1990年代半ば以降、高温となる年が多くなっています。世界の年平均気温について、統計を開始した1891年以降の各年の気温を順位付けてみますと、21世紀になってからのすべての年は、最も気温の高かった10位までに位置付けられています。なお、2008年の年平均気温は、1990年代の多くの年に比べれば高いものの、ここ数年に比べて低くなっています。気象庁によれば、その要因の一つとして、2007年春から2008年春に発生したラニーニャ現象の影響が考えられるとしています。（中略）世界各地で、温暖化に起因するハリケーンやサイクロン、集中豪雨や干ばつ、熱波等の異常気象による災害が頻繁に発生しており、また、世界中の様々な地域で、気候の変動が原因とされる生態系の異変が報告されています。（中略）地球温暖化が進行すれば、これらの悪影響がさらに強まることが、様々な研究によって指摘されています。

　　　　　　　　　　　　　　　（平成21年版環境白書より）

(1) 地球温暖化を原因とする現象とはいえないものを選びなさい。

　ア　生態系の異変
　イ　集中豪雨
　ウ　ラニーニャ現象
　エ　熱波
　オ　サイクロン

A アだけ   B イだけ   C ウだけ   D エだけ

E オだけ   F アとウ   G イとエ   H エとオ

(2)地球温暖化の進行について正しいものを選びなさい。

ア   地球の温度は毎年0.74℃の割合で上昇している。

イ   地球の温度は100年に0.74℃ずつ上昇している。

ウ   21世紀に入って温暖化は急激に進行を始めた。

エ   2008年は、ここ100年の最高気温となった。

オ   異常気象は温暖化の最大の原因である。

A アだけ   B イだけ   C ウだけ   D エだけ

E オだけ   F アとウ   G イとエ   H エとオ

解答&解説

問題2(1)…C　ウだけ

ウのラニーニャ現象については、「2008年の年平均気温は、1990年代の多くの年に比べれば高いものの、ここ数年に比べて低く」なっていることの要因としてあげられ、本文からは「温暖化」を原因とする現象とはいえない。これ以外の現象については、「温暖化に起因する」や「地球温暖化が進行すれば、これらの悪影響がさらに強まることが、様々な研究によって指摘されて」いることから、温暖化に起因するものといえる。

問題2(2)…B　イだけ

イは「長期的には100年当たり0.74℃の割合で上昇」に合致。ウは、温暖化が進行すれば最近の年の平均気温が高いランクに入るのは当然だが、それが「急激に進行を始めた」かどうかは本文からは不明。オは、因果関係が逆である。

　人類が誕生してから400万年が経ち、農耕文化が始まってから1万年が経つ。水道や電気、ガスを使う生活が当たり前のものになったのは、せいぜい百年前だ。人々が技術に対する違和感を持ちつつも、社会に定着していくのは、常にダイナミズムの中にある。自分の反発する感情が刹那的なものなのか、根源を揺り動かすものであるのかは、容易に判別しがたい。農業は、まさに人類にとって本質的なものと思われがちだが、鍬や種、シャベルといった存在もまた技術の所産なのである。いまさら技術は人間の本性に反していると主張しても、時すでに遅い。技術が人間を幸福にするかどうかは、今の段階では即断しがたいが、われわれが「本来」だと思っている姿自体も、実は人工的につくられた産物であることが多いのは事実である。一方、技術は自己展開している。人間は、徹底して技術に巻き込まれた存在であり、それを自覚することで、技術と冷静に対応することが可能だ。もし、技術によって人間らしさが失われるのであれば、それは現代人の本質的な衰弱を意味するものである。

現在の技術と人間の関係として適切なものを、選択肢から選びなさい。

ア　人間と技術は別世界に存在する
イ　人間は技術と共存すべきだ
ウ　技術と人間は相容れない
エ　技術は人間を巻き込んでいる
オ　技術は人間性を奪う

A アだけ　　B イだけ　　C ウだけ　　D エだけ
E オだけ　　F アとエ　　G イとエ　　H エとオ

解答&解説

問題3…D　エだけ
「人間は、徹底して技術に巻き込まれた存在であり」とあるので、エが適切。
オが紛らわしいが、末尾の部分において、「もし、技術によって人間らしさが失われるのであれば」と書かれ、仮定のものとしてあげられている。従って「人間性を奪う」ものとは断定できないので不適切。
アは、「人間は、徹底して技術に巻き込まれた存在であり」とあり、論旨に反するため不適切。
イとウも、本文中にそのような主張や記述はないので不適切。

よって選択肢Dが正しい。

次の文章を読んで、あとの問いに答えなさい。

　企業のリストラなどが相次ぐ厳しい経済情勢の中で、<u>自立に困難を抱える人</u>たちがいる。若者の雇用情勢については、フリーター数が5年連続して減少しているものの、年長フリーター（25〜34歳）などは依然として多い。こうした若者が、できる限り早期に安定雇用が実現できないと、将来の自立が一層困難になる懸念があり、本来社会保障の支え手となることが期待される者が支えられる側に回るおそれがある。また、障害者、母子家庭の母等、社会的支援を必要とする人々がいる。障害者については、その有する能力や適性に応じて自立した日常生活や社会生活を営むことができるよう支援を行うことが必要である。また、母子家庭については、母親が一人で子どもを養育しつつ生活を成り立たせなければならず、就業が難しい場合や制限される場合がある。このため、子どもの健全な成長の観点も踏まえつつ、生活面の支援や経済的な支援を行いながら、就業支援を行うことで総合的に自立を支援することが重要である。さらに、派遣労働者の解雇や雇止め等、非正規労働者の離職が急増し大きな問題となっている。彼らは、離職によって収入が得られなくなるとともに住居を失うといった生活困難に直面し、生活に困窮してしまうおそれがある。

（2009年版厚生労働白書より）

文中下線部に「自立に困難を抱える人たちがいる」とあるが、それに該当しない人を選択肢から選びなさい。

ア　年長フリーター
イ　障害者
ウ　母子家庭の母
エ　派遣労働者
オ　リストラ対象の人

A アだけ　　B イだけ　　C ウだけ　　D エだけ
E オだけ　　F アとウ　　G イとエ　　H エとオ

解答&解説

問題4…**E　オだけ**

アは、下線部の直後に述べられている。

イは、「障害者については、その有する能力や適性に応じて自立した日常生活や社会生活を営むことができるよう支援を行うことが必要である」とある。

またウは、「母子家庭については、母親が一人で子どもを養育しつつ生活を成り立たせなければならず、就業が難しい場合や制限される場合がある」とされている。

エは、「派遣労働者の解雇や雇止め等、非正規労働者の離職が急増し大きな問題となっている」とある。

オは、経済情勢の説明として、現況は企業のリストラが相次いでいることは下線部の直前にあるが、リストラ対象の人については、話題とされていない。

次の文章を読んで、あとの問いに答えなさい。

　2009年、「東アジアサミット」がタイで開かれ、日本、中国、韓国と東南アジア諸国など16カ国の首脳が出席した。連携を強めながら、新しい地域機構の構築を目指すことが目的である。これまで日本は共同体構想に関与していたが、あまり目立たず、最近は中国に押されて域内での影が薄まっていた。それを見れば、今回のアピールは「アジアの中の日本」の存在を再認識してもらううえで大きな意味があったといえる。アジアの国々とより緊密な関係を築き、日本の　　　　　　をもっと高めていくきっかけにしたいものだ。問題は、わが国の外交がアジア重視をうたいながら、日米関係とどうバランスを取るのか、明確にしていないことだ。サミットでも、共同体構想に触れる中で「日本外交は日米関係が基軸だ」と述べ、わざわざ日米同盟最重視の姿勢を示した。アジア重視を強調することで、沖縄の基地移設などできしむ日米関係にこれ以上、波風を立てたくない、との思いがあったのだろう。この構想に米国を加えるかどうかによって、機構の内容は全く異なったものになる。表向き米国の参加を歓迎している中国も、実際は域内での米国の影響力を敬遠し、自らの影響力を強める戦略を練っているともいわれる。もし米国が参加しない場合には、日中両国の間で主導権をめぐる綱引きも予想される。不要な争いを避け、両国が協調して将来の国際社会に対応できる枠組みとビジョンを示すべきである。

(1)文中下線部の「新しい地域機構」の最大の課題は何か。次から選びなさい。

A わが国の意気込み

B 参加国数の拡大

C 米国の参加の有無

D 中国の指導力

E 日本外交のあり方

(2)本文中の ____ に入れる最も適切な語をひとつ選びなさい。

A 親近感　　B 威圧感　　C 支配力　　D 経済力　　E 存在感

解答&解説

問題5(1)…C　米国の参加の有無

本文の後半に「この構想に米国を加えるかどうかによって、機構の内容は全く異なったものになる」とある。米国が機構に参加するかどうかによって、その内容が大きく異なるのであれば、最大の課題だといえる。Aは、日本としては意欲を示したとあり、意気込みは感じられるので、課題とはいえない。Bは、本文に触れられていない。Dは、中国は影響力を高めようとして戦略を練っていること

とは分かるが、それが「機構の課題」とは結びつかない。Eは、日本国内の問題であり、ここで述べられている新しい地域機構の課題ではない。

問題5(2)…E　存在感

これまで「中国に押されて域内での影が薄まっていた」とあり、東アジアサミットは「アジアの中の日本」の存在を再認識してもらう意義を持つものだとされているので、Eの存在感が適切。

次の文章を読んで、あとの問いに答えなさい。

　視覚媒体やインターネットの普及による活字離れ、本離れと言われながらも、図書館は着実な歩みを進めており、変化の著しい情報社会の下においても、国民の知的欲求に応える施設としての重要性は増している。1955年度の館数は742だった。その前年の全国図書館大会で「図書館の自由に関する宣言」が採択され、現在に至るまで市民の「知る自由」を保障するための施設と位置付けられている。現在は3165館余りで、1都道府県当たりの平均だと67館になるが、これでも決して十分な数ではない。人口10万人当たりで見ると、日本は2.5館ほどで、先進国中最低レベルである。20館を超すフィンランドとは、格段の開きがある。地方財政が窮迫する中、今後は順調な施設整備は見込めない。図書館は運営の　　　　　　を迫られる一方で、新しい切り口でのサービスも開拓しなければならない難しい時代に入る。それには顧客満足度を見極めることが大切だ。図書館内の書棚には最近、シニア世代向けやビジネス支援コーナーが目立つようになった。IT化にも対応しながら、住民の暮らしに役立つ最先端の情報拠点を目指す。子供に対するサービスも、最重要機能の一つだ。図書館は単に本を貸すだけでなく、子供に読書を勧め、調べ学習にも対応する機能を強めなければならない。本を通じて、学び、思索する楽しさを知れば、創造力や生きる力を養うことにもつながる。読書環境の充実は、社会の責務とすらいえる。

(1)本文の内容に合致するものを1つ選びなさい。

A 図書館数を増加させることが急がれている

B 日本人の読書時間は先進国中最低レベルである

C 施設整備にはもっと財政支援をするべきだ

D 調べ学習をする子供にも対応が必要だ

E 子供の創造力養成には読書が不可欠である

(2)本文中の 　　　　　 に入れる最も適切な語を1つ選びなさい。

A 適正化　　B 効率化　　C 高速化　　D 公正化　　E 一元化

解答&解説

問題6(1)…D　**調べ学習をする子供にも対応が必要だ**

Aは、1955年度の742館に比べて、現在では3165館を超えたが、それでもフィンランドなどと比べれば大きな開きがあるとされている。しかし「地方財政が窮迫する中、今後は順調な施設整備は見込めない」とも述べられ、図書館数の増加が急務であるとはされていない。Bは、「読書時間」についての国際的比較は本文に取り上げられていない。Cは、Aと同様財政支援をするべきとはされていない。Dは、図書館は本を貸し出すだけでなく、

「調べ学習にも対応する機能を強めなければならない」とあり、合致する。Eは、「本を通じて、学び、思索する楽しさを知れば、創造力や生きる力を養うことにもつながる」とあるが、逆の発想としての「創造力養成には読書が不可欠」かどうかは不明である。

問題6(2)…B　**効率化**

直前・直後の内容から考える。財政の窮迫によって、予算が限定的になる一方で、新しい切り口のサービスを開拓して、顧客満足度を向上させるためには、効率的な運営が必要とされる。

次の文章を読んで、あとの問いに答えなさい。

　白熱電球より寿命が長く、省エネ効果も高い発光ダイオード（LED）照明の販売が本格化している。LED照明は家庭でできる温暖化防止対策の切り札になる可能性を秘めているが、白熱電球や蛍光灯に比べてまだまだ割高である。

　LEDは電気を通すと発光する半導体で、LED照明はこれを電灯に応用したものである。最新商品では、耐久性が白熱電球の約40倍相当の4万時間、消費電力と年間の電気代は約8分の1で済むなどのメリットが大きい。ある外資系証券会社の試算では、LED照明の世界市場規模は今後数年のうちに10倍にまで膨らむと見られている。発売当初に1個1万円だったLED電球は約4千円まで安くなったが、まだ一般家庭で白熱電球からの買い換えがすんなり進む水準とは言えない。LED照明の関連特許権は独占状態にあり、量産と普及が価格を引き下げるほかの家電製品や電子部品とは状況が異なっている。　　　　　、特許が切れる2012年には、アジアの半導体メーカーを巻き込んで価格競争が起こり、飛躍的な普及につながると見られている。日本政府が1990年比で温室効果ガス25％削減の目標を掲げる地球温暖化対策には、大企業だけでなく一般家庭での取り組みも重要である。

(1) LED電球普及の障壁を選択肢から選びなさい。

　ア　蛍光灯と比較して高い電気代
　イ　各社の協定による価格の高止まり
　ウ　独占状態にあるLED関連の特許権
　エ　一般家庭の温暖化対策への取り組み不足
　オ　温室効果ガス削減傾向への逆行

　A アだけ　　　B イだけ　　　C ウだけ　　　D エだけ
　E オだけ　　　F アとウ　　　G イとエ　　　H エとオ

(2) 本文中の ⬚⬚⬚⬚ に入れる最も適切な語を1つ選びなさい。

　A しかも　　B だから　　C しかし　　D そこで　　E ところで

解答&解説

問題7 (1) … C　ウだけ

LED照明は白熱電球や蛍光灯に比べて、環境への負荷や負担電気代の面において優れた商品であることは前半に述べられている。しかし、一般家庭への普及が順調とはいえないのは、その価格が高止まりしているからである。その原因は、「LED照明の関連特許権が独占状態にある」からだと述べられている。イが紛らわしいが、「各社の協定」については本文では触れられていない。

問題7 (2) … C　しかし

空欄の前では、特許権は現在独占状態にあるとされているが、空欄の後では、2012年にその特許が切れるとあり、それまでの内容を逆転させることを導くので、逆接語を入れるのが適切である。

4 四字熟語・ことわざなど

 よく使われるもの、誤りやすいものを覚えておく

◉ 教訓や風刺を含む短い言葉。社会的な常識を表すものが多い

◉ 数字・心情・故事などのテーマ別に整理しておく

◉ 意外な意味、誤用の多い語に注意する

解き方のポイント

　四字熟語は、漢字四字で構成される熟語だが、故事や古書を出典とするものも多く、含蓄があり、人生の本質や人間の感情を簡潔に表現するものが数多い。また、ことわざは、古くから言い伝えられてきた、教訓や風刺を含んだ短い言葉のこと。生活体験に基づいた、社会的な常識を表すものが最も多い。言語知識やセンスを見るうえでも効果的なものである。

　ことわざに似たものに慣用句や故事成語がある。慣用句は、「顔が広い」「耳を貸す」などの、2語以上の単語が結びついて、ある特定の意味を表す言葉のこと。また故事成語は、「矛盾」「青天の霹靂（へきれき）」など、中国の書物に見られる話を簡潔にまとめた言葉や、ひとまとまりで慣用的に用いられる言葉のこと。

　四字熟語、ことわざ、慣用句、故事成語などは、まとめて覚えてしまうとよい。

練習問題

問題1

次の四字熟語と最も意味が近いものを選びなさい。

(1)一意専心

- A 一攫千金
- B 一蓮托生
- C 一極集中
- D 一子相伝
- E 一心不乱
- F 一望千里
- G 一目瞭然
- H 一気呵成

(2)縦横無尽

- A 七転八倒
- B 四苦八苦
- C 起死回生
- D 自由自在
- E 試行錯誤
- F 有為転変
- G 因果応報
- H 自画自賛

解答&解説

問題1(1)… E 一心不乱

- A 一攫千金 … 一時にたやすく莫大な利益を得ること。
- B 一蓮托生 … 結果にかかわらず運命や行動をともにすること。
- C 一極集中 … 政治や経済が中心の一地域に集まること。
- D 一子相伝 … 自分の子一人だけに奥義を伝えること。
- E 一心不乱 … 1つのことに集中して、心が乱れないこと。
- F 一望千里 … ひと目で千里の遠くまで見渡せること。
- G 一目瞭然 … ひと目見ただけではっきり分かる様子。
- H 一気呵成 … 物事を一気に成し遂げること。

問題1(2)… D 自由自在

- A 七転八倒 … 苦しみのたうち回ること。
- B 四苦八苦 … 非常に苦しむこと。
- C 起死回生 … もうだめだという状態から盛り返すこと。
- D 自由自在 … 心のまま、思い通りにふるまうこと。
- E 試行錯誤 … 失敗を重ねながら目的に近づくこと。
- F 有為転変 … 世の中は常に変化していること。
- G 因果応報 … 行ないの善悪に応じて相応の報いがあること。
- H 自画自賛 … 自分で自分をほめること。

問題2

次のことわざとほぼ同じ意味の
ことわざを選びなさい。

やぶから棒

- A どんぐりの背くらべ
- B 寝耳に水
- C ぬれ手であわ
- D 渡りに船
- E 青菜に塩
- F あぶはち取らず
- G 目から鼻へ抜ける
- H 月とすっぽん

問題3

次の四字熟語のうち、正しく
表記されているものを選びな
さい。

- A 言語同断
- B 意心伝心
- C 大同小違
- D 絶対絶命
- E 意味深重
- F 異句同音
- G 危機一発
- H 有名無実

問題4

次のア～エのうち、正しい意味のものを選びなさい。

- ア 嚆矢 … 物事のはじまり。
- イ 呉越同舟 … 人間の幸不幸は予測できないこと。
- ウ 一炊の夢 … 人生は夢のようにはかない。
- エ 烏合の衆 … 力を合わせればたいていのことはできる。

A アだけ　　B ウだけ　　C アとウ　　D アとウとエ
E イとウとエ　　　F すべて正しい　　G すべて誤り

問題5

次のそれぞれの2語を組み合わせてことわざをつくるとき、例と
最も近い意味になるものを選びなさい。

(例)河童－川

A 瓜－なすび
B えび－鯛
C 枯れ木－にぎわい
D 弘法－筆
E 君子－危うき
F ちり－山
G ひょうたん－駒

問題2…**B** **寝耳に水**

やぶから棒→物事がだしぬけであること。

A どんぐりの背くらべ→大差がないこと。

B 寝耳に水→物事が不意に起きて驚くこと。

C ぬれ手であわ→苦労せずに利益を得るたとえ。

D 渡りに船→困っているときに、都合のよい条件が与えられること。

E 青菜に塩→元気がなくしおれる様子。

F あぶはち取らず→2つのものを得ようとして両方だめになること。

G 目から鼻へ抜ける→非常に頭の働きがよいこと。

H 月とすっぽん→大きな違いがあること。

問題3…**H** **有名無実**

A 言語同断→言語道断

B 意心伝心→以心伝心

C 大同小違→大同小異

D 絶対絶命→絶体絶命

E 意味深重→意味深長

F 異句同音→異口同音

G 危機一発→危機一髪

H 有名無実→正しい

問題4…**C** **アとウ**

ア 嚆矢(こうし)…物事のはじまり。(○)

イ 呉越同舟(ごえつどうしゅう)…人間の幸不幸は予測できないこと。(×)

正しくは、仲の悪い者同士が一緒にいること。

ウ 一炊の夢…人生は夢のようにはかない。(○)

エ 烏合の衆…力を合わせればたいていのことはできる。(×)

正しくは、規律も統一もない寄せ集めの群衆。

問題5…**D** **弘法一筆**

(例)河童−川→「河童の川流れ」(達人もときには失敗する)

A 瓜−なすび→「瓜のつるになすびはならぬ」(子供は親に似る)

B えび−鯛→「えびで鯛を釣る」(少ない努力や物で大きな利益をあげる)

C 枯れ木−にぎわい→「枯れ木も山のにぎわい」(つまらないものも、ないよりはましだ)

D 弘法−筆→「弘法も筆の誤り」(名人でも間違うことがある)

E 君子−危うき→「君子危うきに近寄らず」(立派な人は身を慎み、危険を冒さず避ける)

F ちり−山→「ちりも積もれば山となる」(わずかなものも積み重なれば大きな力になる)

G ひょうたん−駒→「ひょうたんから駒」(思いもよらないことが起こること)

編　集	有限会社ヴュー企画（野秋真紀子／山本大輔）
カバーデザイン	掛川竜
本文デザイン	有限会社エルグ

要点マスター！

SPI

···

問題作成	日本キャリアサポートセンター
編　者	マイナビ出版編集部
発行者	滝口直樹
発行所	株式会社マイナビ出版
	〒101-0003
	東京都千代田区一ツ橋2-6-3 一ツ橋ビル 2F
	電話　0480-38-6872（注文専用ダイヤル）
	03-3556-2731（販売部）
	03-3556-2735（編集部）
	URL　http://book.mynavi.jp

| 印刷・製本 | 大日本印刷株式会社 |